PAPST FRANZISKUS
mit Fabio Marchese Ragona

LEBEN

Meine Geschichte in der Geschichte

Aus dem Italienischen von
Friederike Hausmann und Stefanie Römer

HarperCollins

Die italienische Originalausgabe erschien 2024 unter dem Titel
LIFE. La mia storia nella Storia bei HarperCollins Italia S.p.A, Mailand

1. Auflage 2024
Deutsche Erstausgabe

First published in 2024 in Italian under the title:
Life. La mia storia nella Storia
Papa Francesco con Fabio Marchese Ragona

Published by arrangement with Delia Agenzia Letteraria
Gesetzt aus der Meta
von GGP Media GmbH, Pößneck
Druck und Bindung von GGP Media GmbH, Pößneck
Printed in Germany
ISBN 978-3-365-00763-1
www.harpercollins.de

Druckprodukt mit finanziellem
Klimabeitrag
ClimatePartner.com/15109-2009-1001

MIX
Papier
FSC FSC® C014496

INHALT

EINFÜHRUNG

Wir müssen aus der Geschichte lernen, vor allem aus ihren dunklen Kapiteln, um die Fehler der Vergangenheit zu vermeiden. Dazu hat Papst Franziskus in letzter Zeit wiederholt aufgefordert und dabei den hohen Stellenwert der Erinnerung hervorgehoben, die den wertvollsten Rahmen für das Leben jedes Einzelnen bildet. Geschichte studiert man natürlich mit Hilfe von Büchern, aber auch durch das lebendige Wort derjenigen, die im Laufe eines langen Lebens – im Guten wie im Schlechten – bedeutsame Momente selbst erlebt haben, dabei dem Herrn oftmals begegnet sind und davon persönlich Zeugnis ablegen können.

Im Buch Exodus fordert Gott Moses auf, zum Pharao zu gehen und ihm ehrfurchtgebietende Zeichen anzukündigen, »damit du deinem Sohn und deinem Enkel erzählen kannst, was ich den Ägyptern angetan und welche Zeichen ich unter ihnen vollbracht habe« (10,2). So soll der Pharao in Erstaunen versetzt und überzeugt werden, aber auch in Moses' Volk soll auf diese Weise die Erinnerung verankert werden, »dass ich der HERR bin«, der Gott, zu dem sich die Gläubigen bekennen, indem sie Sein Leben erzählen.

Diejenigen, die Geschichte auf diese Weise erzählen, stillen den Wissensdurst ihrer Zuhörerschaft und bereiten vor allem die Jüngsten unter ihnen darauf vor, was ihnen auf ihrem Weg begegnen könnte. Durch die Schilderung dessen, was war, sollen sie besser verstehen lernen, was sein wird.

Aus diesem Grund hat Papst Franziskus beim Welttag der sozialen Kommunikationsmittel betont, dass der Mensch ein »Erzähler« ist. »Seit unserer Kindheit hungern wir nach Geschichten, so wie wir nach Nahrung hungern. Ob es nun Märchen, Romane, Filme, Lieder oder Nachrichten sind: Geschichten beeinflussen unser Leben, auch wenn wir uns dessen nicht bewusst sind.«[I]

Deshalb ist das Buch, das Sie in den Händen halten, aus der Absicht entstanden, Geschichte anhand *einer* Geschichte zu erzählen und die Schilderung der wichtigsten Ereignisse des 20. und des beginnenden 21. Jahrhunderts der Stimme eines ganz besonderen Zeitzeugen anzuvertrauen. In diesem Sinne hat Papst Franziskus mit großer Bereitschaft zugestimmt, sein eigenes Leben im Spiegel der großen historischen Ereignisse der letzten Jahrzehnte zu verorten und nachzuzeichnen.

LEBEN ist auf Grundlage einer Reihe von Gesprächen entstanden, die ich mit dem Papst geführt habe, dem mein großer und tiefempfundener Dank gilt für das Vertrauen, das er mir erneut entgegengebracht hat. Gespräche, in denen der Papst sein Herz geöffnet und Erinnerungen wachgerufen hat, um damit Botschaften zu wichtigen Themen wie Glaube, Familie und Armut, interreligiöser Dialog, Sport, wissenschaftlicher Fortschritt, Frieden und vielen anderen zu vermitteln. Vom Ausbruch des Zweiten Weltkrieges 1939, als der zukünftige Papst knapp drei Jahre alt war, bis zum heutigen Tag nimmt Jorge

Mario Bergoglio seine Leserschaft an die Hand, um sie anhand seiner Erinnerungen durch die wichtigsten historischen Ereignisse unserer Zeit zu führen. Wo war der junge Jorge 1969, als die ganze Welt gespannt die erste Mondlandung verfolgte? Wie erlebte Kardinal Bergoglio 2001 den Anschlag auf das World Trade Center?

Erinnerungen eines Seelenhirten, der über die Verfolgung und Vernichtung der Juden durch die Nationalsozialisten, über den Abwurf der Atombomben auf Hiroshima und Nagasaki, über den Staatsstreich von General Videla in Argentinien und über den Fall der Berliner Mauer ebenso spricht wie über die große Wirtschaftskrise und über den Amtsverzicht von Papst Benedikt XVI.. Ereignisse, die sich mit dem Leben des *Papa callejero*, des »Papstes von der Straße«, verbinden, der hier seine persönlichen Erinnerungen mit uns teilt, um mit der ihm eigenen Klarsicht die geschichtlichen Begebenheiten zu erzählen, die die Welt und auch sein Leben verändert haben.

Die Stimme von Papst Franziskus wechselt sich ab mit der eines Erzählers, der Momente aus dem Alltag des zukünftigen Papstes schildert und in den jeweiligen historischen Kontext einbettet.

»Unser Leben ist das wertvollste ›Buch‹, das uns überreicht worden ist«, sagte der Papst 2022 im Rahmen einer Reihe von Generalaudienzen, die der guten »Unterscheidung der Geister« gewidmet war, »ein Buch, das viele leider nicht lesen, oder sie tun es zu, bevor sie sterben. Dennoch findet sich gerade in jenem Buch das, was man auf anderen Wegen vergeblich sucht. [...] Wir können uns fragen: Habe ich jemals jemandem mein Leben erzählt? [...] Es ist eine der schönsten und innigsten Formen der Kommunikation, das eigene Leben erzählen.

Es lässt uns bis dahin unbekannte Dinge entdecken, kleine und einfache Dinge, aber, wie es im Evangelium heißt, gerade aus den kleinsten Dingen entstehen die großen Dinge (vgl. Lukas 16,10).«[II]

In diesem Sinne blättert der Papst auf folgenden Seiten noch einmal mehr durch das wertvolle Buch, das unser Leben ist, und wird uns mitnehmen auf eine Reise voller Emotionen, Freude und Schmerzen; er wird ein Fenster zur Vergangenheit öffnen, um die Gegenwart besser zu verstehen. Bis zum letzten Kapitel, das erst noch geschrieben werden muss.

Fabio Marchese Ragona

I.

DER BEGINN DES ZWEITEN WELTKRIEGES

Im Radio werden wie jeden Morgen die Nachrichten verlesen. Mario Bergoglio schaltet den Apparat immer ein, bevor er zur Arbeit geht, während er in der kleinen Küche Kaffee kocht. Der Fußboden glänzt noch feucht, denn seine Frau Regina hat bereits einen kurzen Moment der Ruhe genutzt, um ihn zu wischen. Der Duft und das Aroma des schwarzen, dampfenden Getränks wecken in Mario Erinnerungen an Italien und seine Kindheit in Portacomaro bei Asti im Piemont, ein bisschen so, wie es dem Erzähler in Marcel Prousts *Auf der Suche nach der verlorenen Zeit* ergeht, als er sich durch den Geschmack einer in Lindenblütentee getauchten Madeleine an seine Tante Léonie und die Welt seiner Kindheit erinnert. Marios Erinnerungen jedoch werden durch das Weinen seines zweitgeborenen Sohnes Óscar gestört, das die gesamte Nachbarschaft nicht zur Ruhe kommen lässt.

In den im Hintergrund laufenden Nachrichten geht es hauptsächlich um Politik: Präsident Roberto Ortiz hat eine neue Erklärung über die »Sonderkommission zur Untersuchung antiargentinischer Aktivitäten« veröffentlicht, die 1938 eingerichtet wurde, um im Land nationalsozialistische Umtriebe einzudämmen. Weiter werden im Laufe des Tages neue Arbeitskämpfe der Confederación del Trabajo erwartet. Im September 1939 brechen in vielen argentinischen Städten heftige politische Gegensätze auf. Das »Dritte Reich« findet in Teilen der Gesellschaft Anhänger, und einige Radiostationen verherrlichen sogar zuweilen die Größe Deutschlands unter Adolf Hitler.

Vor dem Verlassen des kleinen, bunten Hauses in der Calle Membrillar 531 im Barrio Flores stürzt Mario seinen Kaffee hinunter und verabschiedet sich mit einem Kuss von Regina, die inzwischen den ein Jahr und acht Monate alten Jungen auf den Arm genommen hat, um ihn zu beruhigen. Jorge dagegen, der ältere der beiden Söhne des jungen Paares, ist schon bereit, abgeholt zu werden. Ein paar Minuten später wird seine Großmutter Rosa, Marios Mutter, die wenige Meter entfernt wohnt, erscheinen, um ihn mit zu sich nach Hause zu nehmen, wo er den ganzen Tag verbringen wird. Fast jeden Tag greift Rosa so ihrer Schwiegertochter unter die Arme, damit diese die viele Hausarbeit erledigen und sich um Óscar kümmern kann.

Nachdem Mario auch seinen Kindern einen Kuss gegeben hat, steht er mit seiner Frau schon an der Tür. In dem kurzen Augenblick der Stille wird er plötzlich durch eine Radiomeldung aufgeschreckt: Der britische Premierminister Chamberlain verkündet die Kriegserklärung seines Landes an Deutschland. Das wenige Stunden zuvor gestellte Ultimatum nach dem Überfall der Wehrmacht auf Polen hat Hitler ohne Antwort verstreichen lassen.

Es ist der Beginn des Zweiten Weltkrieges. Vor allem in Südamerika aber begreift das noch niemand so recht. In Argentinien wird der Nachricht so wenig Bedeutung beigemessen, dass sie erst am Ende der Sendung kurz vor einem musikalischen Intermezzo verlesen wird. Das italo-amerikanische Paar Bergoglio dagegen ist zutiefst bestürzt. Beide denken sofort an ihre Cousins und die übrigen Verwandten in Europa, und zugleich steigt in ihnen die Erinnerung an die oft gehörten, schrecklichen Schilderungen des Ersten Weltkrieges aus dem Munde von Marios Vater Giovanni hoch, der an der Front gekämpft hatte. Diese traurigen und sorgenvollen Gedanken werden jedoch schon wenige Sekunden später verscheucht, als Rosa zweimal kräftig an die Tür klopft. Der plötzliche Lärm bringt sogar Óscar zum Schweigen, und ihr Kommen erfüllt alle mit Freude. Jorge rennt seiner Großmutter entgegen, um sich von ihr in die Arme schließen zu lassen.

Was für eine großartige Frau, ich habe sie sehr geliebt! Meine Großmutter väterlicherseits war eine der wichtigsten Menschen für meine Erziehung und Bildung. Sie wohnte nicht einmal fünfzig Meter von unserem Haus entfernt, ich verbrachte den ganzen Tag bei ihr. Sie ließ mich spielen und sang mir Lieder aus ihrer Kindheit vor. Oft hörte ich sie auf Piemontesisch mit meinem Großvater diskutieren, und so erlernte auch ich die Sprache ihrer Erinnerungen. Manchmal nahm sie mich auch mit zu den Nachbarn, mit denen sie sich lange unterhielt und Mate trank. Oder sie nahm mich mit, wenn sie Besorgungen im Viertel zu erledigen hatte, und abends brachte sie mich zurück zu Mama und Papa, aber nicht bevor sie mich dazu gebracht hatte, die Gebete zu sprechen. Tatsächlich war sie die erste Person, die mir die christliche Botschaft nahegebracht und mich beten gelehrt hat und von dieser großartigen Gestalt zu erzählen, die ich noch nicht kannte: Jesus.

Nicht umsonst war dann auch Oma Rosa neben Francesco, meinem Großvater mütterlicherseits, meine Taufpatin. Das erste Sakrament spendete mir Don Enrico Pozzoli, ein redlicher salesianischer Missionar, der ursprünglich aus der Provinz Lodi in der Lombardei stammte und den Großvater Giovanni in Turin kennengelernt hatte. Er war es auch, der meine Eltern getraut hatte: Papa und Mama hatten sich in der Jugendbegegnungsstätte der Salesianer in Argentinien kennengelernt, und seitdem war Don Enrico jemand, der maßgeblich war für unsere Familie und später für meine Berufung zum Priesteramt.

Wenn ich mich an die Zeit, die ich mit meiner Großmutter verbracht habe – damals war ich knapp drei Jahre alt, also noch sehr klein –, erinnere, ist es nicht so leicht, mir jene Tage im Jahr 1939 zu vergegenwärtigen, als die Bosheit der Menschen den Zweiten Weltkrieg entfesselte. In meinem Gedächtnis sind nur Momentaufnahmen aus unserem Alltag hängengeblieben: Das Radio lief immer im Hintergrund, mein Vater schaltete es schon am Morgen ein und hörte mit meiner Mutter zusammen den staatlichen Rundfunksender, der damals Estación de Radiodifusión del Estado (LRA 1) hieß; außerdem gab es Radio Belgrano und Radio Rivadavia, die ebenfalls täglich über den Kriegsverlauf berichteten. Meine Mutter schaltete das Radio auch am Samstagnachmittag ab 14 Uhr ein, damit wir Kinder eine Oper hören konnten. Ich erinnere mich daran, dass sie uns vor Beginn der Sendung in groben Zügen die Handlung erzählte. Bei einer besonders schönen Arie oder einem Höhepunkt der Handlung versuchte sie, unsere Aufmerksamkeit zu wecken. Ich muss zugeben, dass wir uns oft ablenken ließen, schließlich waren wir ja noch klein! Während Verdis *Otello* beispielsweise ermahnte Mama uns mit den Worten: »Passt auf, jetzt ermordet er Desdemona im Bett!« Dann wurden wir mucksmäuschenstill und warteten gespannt darauf, was folgen würde.

Um auf den Krieg zurückzukommen: Bei uns nahm man die bedrohliche Atmosphäre nicht so sehr wahr, weil wir weit von den Schauplätzen entfernt waren, auf denen das Schicksal der Menschheit entschieden wurde. Im Gegensatz zu vielen anderen Argentiniern habe ich vom Zweiten Weltkrieg erfahren, weil bei uns zu Hause darüber gesprochen wurde. Aus Italien erreichten uns, wenn auch mit einem Monat Verspätung, *offene* Briefe unserer Verwandten, in denen sie uns über das Geschehen informierten. Sie waren es, die uns Informationen über den Krieg in Europa übermittelten. Ich nenne diese Briefe *offen*, weil sie vom Militär kontrolliert wurden: Die Post wurde geöffnet, gelesen, wieder geschlossen und erhielt dann den Stempel ZENSUR. Ich weiß noch, wie Mama, Papa oder Oma diese Briefe laut vorlasen, die sich mir fest eingeprägt haben. In einem von ihnen berichteten sie uns beispielsweise davon, dass einige Frauen aus dem Dorf, die sie kannten, nach Bricco Marmorito nahe Portacomaro Stazione gegangen waren, um auszukundschaften, ob Kontrollen durch das Militär zu erwarten waren. Ihre Ehemänner waren in Bricco geblieben, um zu arbeiten, und das war offensichtlich verboten. Hätten die Frauen bei ihrer Rückkehr etwas

Rotes angehabt, hätten die Männer sich sofort verstecken müssen. Weiße Kleider dagegen bedeuteten, dass es keine Patrouillen in der Gegend gab und die Männer weiterarbeiten konnten.

Aber dies ist nur eins der Beispiele, wie das Leben damals aussah. Wie viel Tod! Wie viel Zerstörung! Wie viele junge Männer wurden an die Front geschickt, um zu sterben! Auch wenn die Ereignisse mehr als achtzig Jahre zurückliegen, darf man nie die unzähligen Familien vergessen, deren Leben vollständig zerstört wurde. Der Krieg zerfrisst dein Innerstes, das sieht man in den Augen der Kleinsten, die keine Freude mehr in ihren Herzen tragen, sondern nur noch Angst und Traurigkeit. Denken wir an die kleinen Kinder! Denken wir an diejenigen, die noch nie in ihrem Leben Frieden erlebt haben, die schon im Krieg geboren sind, die mit diesem Trauma leben müssen und es lebenslang in sich tragen. Was können wir für sie tun? Wir müssen uns diese Frage stellen und den Weg zum Frieden suchen, den Weg, der diesen Kleinen eine sichere Zukunft sein kann.

Auch ich selbst habe den Zweiten Weltkrieg als Kind erlebt, hatte aber Glück, weil Argentinien von dieser Tragödie nicht wie andere Länder betroffen war. Es gab allerdings einige Seegefechte. Eines der wenigen Ereignisse, an das ich mich auch deshalb erinnere, weil mir meine Eltern später davon erzählt haben, fand genau an meinem dritten Geburtstag, am 17. Dezember 1939, statt. Im Radio hieß es, das deutsche Kriegsschiff *Admiral Graf Spee* sei an der Mündung des Río de La Plata von britischen Schiffen eingekreist und schwer beschädigt worden. Gegen Hitlers Befehl, den Kampf fortzusetzen, entschied Kapitän Langsdorff im Einvernehmen mit seinen Offizieren, das Schiff zu versenken, evakuierte sich selbst und die Mannschaft auf verschiedene Boote und fuhr nach Buenos Aires. Einige Tage später, in der Nacht vom 19. zum 20. Dezember, beging der Kapitän, auf der Kriegsflagge seines Schiffs liegend, in einem Hotelzimmer Selbstmord. Seine Männer wurden in Argentinien in den Provinzen Córdoba oder Santa Fe interniert. Den Sohn eines dieser Matrosen habe ich als einen guten Menschen kennengelernt, der in Argentinien geheiratet und eine Familie gegründet hat.

So habe ich also von der Tragödie des Zweiten Weltkrieges erfahren, und ein paar Jahre später, als ich etwa zehn war, begegnete ich ihr auch im Kino: Unsere Eltern gingen mit uns in das Kino unseres Viertels, wo ich alle Filme der Nachkriegszeit gesehen habe. Besonders deutlich erinnere ich mich an Roberto Rossellinis Meisterwerk *Rom, offene Stadt* mit Anna Magnani und Aldo Fabrizi, aber auch an seine Filme *Paisà* und *Deutschland im Jahr Null* oder an *Die Kinder beobachten uns* von Vittorio De Sica aus dem Jahr 1943.

Etwas ganz anderes ist dagegen *La Strada – das Lied der Straße* aus dem Jahr 1954 von Federico Fellini, der Film, den ich am meisten geliebt und den ich erst gesehen habe, als ich schon älter war. Er handelt nicht vom Krieg, aber ich möchte ihn erwähnen, weil er den Blick auf die Ärmsten der Armen wie Gelsomina richtet und die Zuschauer einlädt, die Welt durch ihre Augen zu sehen.

Mit Blick auf den Wahnsinn des Krieges, der zu nichts als Zerstörung führt, muss ich an den Ehrgeiz, den Machthunger und die Gier derer denken, die diese Konflikte auslösen. Dahinter steht nicht nur eine Ideologie als falsche Rechtfertigung; dahinter steht ein gänzlich fehlgeleiteter Antrieb, der auf niemanden Rücksicht nimmt, weder auf alte Menschen noch Kinder, Mütter oder Väter. Das gilt besonders für den Zweiten Weltkrieg, der noch grausamer war als der Erste, in dem mein Großvater Giovanni Bergoglio an der Piave-Front kämpfte. Er war es, der mir, wenn ich im Haus der Großeltern war, viele leidvolle Geschichten erzählt hat. Geschichten von unzähligen Toten, zerstörten Häusern, ja sogar Kirchen. Und er erzählte mir auch, dass er mit seinen Kameraden an der Front das Lied sang:

General Cadorna hat sich an die Königin gewandt:
»Wenn du Triest sehen willst,
dann nimm eine Postkarte zur Hand.«
Bom bom bom
Zum Donner der Kanon ...

Aber auch durch die Gespräche der zahllosen Flüchtlinge, die aus ihren von den Nationalsozialisten überfallenen Heimatländern hatten fliehen müssen, erfuhr ich als Kind vom Krieg. Aber darüber sprechen wir später.

Der erst dreijährige Jorge kann natürlich noch nicht das ganze Ausmaß des Krieges erfassen. In seiner Unschuld vermag er das Leiden der vielen Familien, die fliehen mussten, um ihr Leben zu retten, nicht zu ermessen. Da er jedoch seine Tage im Hause der Großeltern verbringt und deren Gespräche und

Diskussionen auf Piemontesisch verfolgt, begreift er allmählich, dass auch sie, wenn auch aus anderen Gründen, von weither gekommen sind und dass in Italien noch ein Teil der Familie lebt, die den Verwandten in Argentinien Nachrichten über den Kriegsverlauf schickt.

Nach einer wirtschaftlich schwierigen Zeit hatte Giovanni Ende der 1920er-Jahre mit seiner Frau Rosa und seinem Sohn Mario beschlossen, den drei seiner sechs Brüder zu folgen, die nach Argentinien ausgewandert waren und sich in der Provinz Entre Ríos niedergelassen hatten. Rosa war damals Schneiderin und in der katholischen Laienbewegung Azione Cattolica aktiv, Mario war schon um die zwanzig, besaß ein Diplom in Buchhaltung und arbeitete für die Banca d'Italia in deren Filiale in Asti. Die Bergoglios kamen mit einer Bodenbelagsfirma in Paraná zu Wohlstand. Doch die Auswirkungen der Weltwirtschaftskrise von 1929 setzten dem Traum vom Aufstieg in der Neuen Welt bald ein Ende, und das Unternehmen musste 1932 Konkurs anmelden. Gemeinsam mit dem jungen Mario, der inzwischen Buchhalter im Familienbetrieb war, zogen Giovanni und Rosa nach Buenos Aires, um noch einmal von vorn zu beginnen. Dank eines kleinen Kredits von zweitausend Pesos kauften sie im Barrio Flores ein Ladengeschäft und konnten in dem volkstümlich geprägten Viertel endlich Wurzeln schlagen.

Wieder und wieder will der kleine Jorge von Oma Rosa die Geschichte der langen Atlantiküberquerung auf dem Dampfer *Giulio Cesare* hören, mit dem die Familie von Genua aus nach zwei Wochen Fahrt am 15. Februar 1929 in Buenos Aires gelandet war. Auf der Bank vor dem Haus sitzend berichtet Rosa mit Engelsgeduld ein ums andere Mal, wie sie in der argentinischen Hauptstadt angekommen war, in ihrem Wintermantel mit Fuchskragen völlig falsch gekleidet für die Südhalbkugel – in das Futter des Mantels hatte sie die Familienersparnisse eingenäht.

Rosa hingegen muss in diesem September 1939, der die Nachricht vom Ausbruch des Krieges in Europa gebracht hat, vor allem an ihre italienischen Verwandten denken, an die Familie Vassallo, die noch in Ligurien lebt. Giovanni seinerseits versucht von seinem Geschäft aus mit allen Mitteln Kontakt zu seinen in Portacomaro verbliebenen Verwandten aufzunehmen. Im Hintergrund läuft (wie immer) das Radio, und der Nachrichtensprecher verkündet, dass auch Frankreich Deutschland den Krieg erklärt hat und zu seinen Bündnisverpflichtungen mit Großbritannien steht. Obwohl Italien noch neutral ist – Benito Mussolini wird erst im Juni 1940 als Verbündeter Hitlers in den Krieg eintreten –, sind die Bergoglios voller Sorge und Unruhe. Während Rosa tagsüber auf Jorge aufpasst, führt sie mit ihren engsten Freundinnen lange Gespräche über ihr früheres Leben in Italien, die Erinnerungen an Verwandte und unbeschwerte Augenblicke ihrer Jugend wachrufen. Das Heimweh scheint inmitten der argentinischen goldenen Mauern die Oberhand zu gewinnen. Still und ergriffen hört der Enkel seiner Großmutter zu, der er von tiefstem Herzen zugetan ist.

Meine Großeltern Rosa und Giovanni und mein Vater waren durch ein Wunder gerettet worden! Ich wäre nicht hier, wenn ihre Pläne nicht von einem gescheiterten Immobilienverkauf durchkreuzt worden wären. Die Abreise nach Argentinien war ursprünglich für Oktober 1927 geplant:

Der Großvater hätte die Familiengrundstücke in Bricco verkauft, und mit dem Geld hätten die drei sich in Genua auf der *Principessa Mafalda* eingeschifft. Es handelte sich um ein großes Dampfschiff, das schon zahlreiche Überseefahrten zurückgelegt hatte, aber nun auf der Reise nach Buenos Aires einen Propellerbruch erlitt und sank. Mehr als dreihundert Tote, eine große Tragödie. Zum Glück waren die Großeltern und Papa nicht an Bord gewesen, denn obwohl die Grundstücke schon länger zum Verkauf standen, fand sich kein Käufer, und ohne das nötige Geld mussten sie die Reise wenige Tage vor der Abfahrt mit großem Bedauern aufgeben. Das Warten dauerte bis 1929, als sie ein anderes Schiff, die *Giulio Cesare*, bestiegen. Nach zweiwöchiger Überfahrt kamen sie in Argentinien an und wurden im Hotel de Inmigrantes empfangen, einem Aufnahmezentrum für Migranten, nicht sehr anders als jene, von denen heute die Rede ist.

Während mein Vater nie Piemontesisch sprach, vielleicht weil er zu sehr an Heimweh litt, und es unbewusst nicht zugeben wollte, sprachen meine Großeltern es regelmäßig, und deshalb kann ich behaupten, dass es meine erste Muttersprache war. Ich glaube, dass jeder Migrant, jede Migrantin, einen ähnlichen inneren Kampf ausfechten muss wie mein Vater. Das ist nicht leicht! Schon Homer erzählt davon in seiner *Odyssee*, aber auch der piemontesische Dichter Nino Costa, den ich sehr schätze. In einem seiner Werke drückt er die Sehnsucht derjenigen aus, die gerne in ihre Heimat zurückkehren würden, es aber nicht können. Migranten verfügen über einen großen Schatz an Erfahrungen und Geschichten, die uns bereichern und uns helfen können zu wachsen. Über den Zweiten Weltkrieg beispielsweise habe ich viel von den polnischen Einwanderern gelernt. Papas Arbeitsplatz lag nur knapp hundert Meter von unserem Haus entfernt. Er arbeitete damals als Buchhalter in einer großen industriellen Färberei, in der Großkunden Garne und Stoffe färben ließen. Nach und nach begannen dort immer mehr Menschen aus Polen zu arbeiten, die den Krieg, den Einfall der Truppen Nazideutschlands und den Tod ihrer Angehörigen mit eigenen Augen gesehen hatten. Sie hatten das Drama erlebt und waren dem Traum eines neuen Lebens in Südamerika gefolgt. Wenn ich meinen Vater an seinem Arbeitsplatz besuchte – zu dieser Zeit war ich schon acht oder neun Jahre alt –, blieb ich eine Weile dort, um ihren Geschichten zu lauschen. Es waren etwa ein Dutzend freundliche und großherzige Menschen. Sie erzählten von großem Leid, von zerstörten Familien, von Freunden, die an die Front mussten und nicht zurückkamen; von Müttern, die hofften, ihre *lieben Kleinen* wieder umarmen zu können und stattdessen nur eine Blume für den Tod ihrer Söhne erhielten.

Doch trotz der erlittenen Schicksalsschläge hatten diese Menschen nicht verlernt zu lächeln. Manchmal riefen sie uns Kinder zu sich, spielten uns einen Streich oder brachten uns polnische Schimpfwörter bei. Ich erinnere mich daran, wie einmal einer von ihnen zu mir sagte: »Geh zu der Frau da drüben und sag ihr das Wort …« Für mich besaß das Wort natürlich keinerlei Bedeutung, aber auf Polnisch war es wohl nicht gerade ein Kompliment! Es gab mithin auch heitere Momente jenseits der Beschäftigung mit dem Krieg. Trotzdem hatten diese Menschen auch jenen unverkennbaren, wehmütigen Gesichtsausdruck all derer, die ihre Heimat verloren haben. Dieser Verlust bleibt ein unauslöschlicher Schmerz. Auch heute müssen noch unendlich viele Menschen – wie meine Großeltern und die polnischen Einwanderer damals – ihr Land verlassen, in der Hoffnung, ein neues Leben zu finden. Stattdessen ertrinken die Flüchtlinge im Meer oder werden an der Grenze zurückgewiesen. Auch für diese menschlichen Dramen zeichnet sich das Böse im Menschen verantwortlich. Schuld sind die verhärteten Herzen, die das Wort Gottes nicht annehmen, das uns dazu auffordert, die Tür nicht zu verschließen für diejenigen, die um Aufnahme bitten, und unser Herz weit zu öffnen für alle, die Wärme ersuchen oder eine ausgestreckte Hand, um sich wieder aufzurichten.

Wir sollten uns immer daran erinnern, wie viele Italiener vor und nach dem Krieg nach Südamerika oder in die Vereinigten Staaten ausgewandert sind, wie viele unserer Familien einmal Migranten waren! Auch sie galten vielleicht einst als die »Bösen«, die »Gefährlichen«. Dabei waren auch sie nur auf der Suche nach einer besseren Zukunft für ihre Kinder. »Wo ist dein Bruder?«, wird Kain im Buch Genesis von Gott gefragt. Diese Frage stellt sich uns auch heute und muss uns aufrütteln, denn wir achten nicht darauf, was Gott geschaffen hat, und sind nicht mehr in der Lage aufeinander zu achten. Und wenn diese Achtlosigkeit sich ausbreitet, kommt es zu Tragödien wie jenen, von denen wir so oft in den Zeitungen lesen. Ich will es wiederholen, ich will es herausschreien: Lassen wir unsere Brüder und Schwestern, die anklopfen, herein! Denn wenn sie richtig integriert, begleitet und behütet werden, werden sie eine große Bereicherung für unser Leben sein. Genau wie die vor den Schrecken des Krieges geflüchteten Polen, die ich als Kind kennengelernt habe, sind auch die Migranten heute nur auf der Suche nach einem besseren Leben, finden stattdessen aber den Tod. Leider viel zu oft treffen diese Brüder und Schwestern, die sich nach Frieden sehnen, nicht auf Entgegenkommen oder Solidarität, sondern man zeigt mit dem Finger auf sie. Vorurteile zerfressen die Seele, Bosheit tötet sie ab und bringt nichts als Mord und Zerstörung hervor. Nie dürfen wir auch das Schicksal unserer jüdischen Brüder und Schwestern vergessen. Und auch damit verbinden sich viele persönliche Erinnerungen.

II.

DER HOLOCAUST

»Ein richtiges Ungeheuer ist er, anders kann man es nicht sagen ...« Mit einer verächtlichen Geste steht Jorges Mutter Regina abrupt vom Tisch auf und lässt ihren Teller mit der Minestra stehen. Für sie zumindest scheint das Abendessen beendet zu sein. Im Gedanken an das, was sie gerade von ihrer Schwiegermutter gehört hat, knallt sie den Topf mit der übrig gebliebenen Suppe so heftig aufs Spülbecken, dass es nur so in alle Richtungen spritzt. Dabei wiederholt sie immer wieder die Worte: »Ein richtiges Ungeheuer!«

Marta, die Jüngste der Familie, ist vom Ton der mütterlichen Stimme verängstigt und fängt zu weinen an; Jorge und Óscar, die beiden Älteren, die sich, statt zu essen, mit ihren Löffeln ein Gefecht liefern, halten inne und verstummen. Besonders Jorge starrt seine Mutter erstaunt an, während Mario aufsteht, um seine kleine Tochter auf den Arm zu nehmen. Noch nie hat er seine Frau so aufgebracht erlebt. Vielleicht hat sie früher so reagiert, wenn sie sich persönlich ungerecht behandelt fühlte, aber nie angesichts einer Nachricht, die sie nicht direkt betraf. Es herrscht eine gedrückte Atmosphäre im Hause Bergoglio an jenem warmen Dezemberabend des Jahres 1941.

Nach Reginas jähem Ausbruch sind alle totenstill. Zu hören ist nichts als das Plätschern des ins Becken fließenden Wassers, gemischt mit Reginas Schluchzern, während sie den Abwasch macht. Von draußen dringt gedämpft das Geschrei auf der Straße spielender Kinder herein und das leiser werdende Motorgeräusch eines halb verrosteten Lastwagens, der eine Gruppe von Arbeitern zur Nachtschicht außerhalb des Barrio Flores bringt.

Es war Großmutter Rosa, deren Berichte die heftige Reaktion ihrer Schwiegertochter ausgelöst haben. Von einem nachmittäglichen Besuch ihrer alten Freundin Margherita Muso Nero, die von Turin nach Argentinien ausgewandert war, hatte sie die neuesten Nachrichten aus Italien mitgebracht. Viele von Margheritas Verwandten waren nach Einführung der italienischen Rassengesetze 1938 ins Ausland geflohen, während andere blieben, weil sie darauf hofften, dass die Zeiten sich wieder ändern würden. In ihrem letzten Brief berichteten die Verwandten davon, dass es in anderen Ländern schon zu Verfolgungen von Juden gekommen sei und dass in den großen Städten der von den Deutschen besetzten Länder Ghettos eingerichtet worden waren, in denen Tausende zu Tode kämen. Unzählige Menschen seien in Arbeitslager deportiert worden. Tatsächlich hat das begonnen, was später unter dem Begriff »Endlösung der Judenfrage« in die Geschichte einging, sprich die Erschießung ganzer Gemeinschaften, der Einsatz mobiler Gaskammern und die Deportationen in die großen Konzentrationslager: das Stammlager Auschwitz I ist schon seit 1940 in Betrieb, das Vernichtungslager Auschwitz II, Auschwitz-Birkenau, mit seinen stationären Gaskammern und Krematorien seit Oktober 1941.

Mit Tränen in den Augen hat Rosa der Erzählung ihrer Freundin gelauscht, die ihr berichtete, dass die festgesetzten Juden mit unbekanntem Ziel gewaltsam in Waggons gepfercht wurden, die für den Transport von Vieh, nicht aber von Menschen geeignet waren. Hunderte eng zusammengedrängte Menschen mit ihren Koffern und den Erinnerungen an ihr vergangenes Leben. Kinder, die von ihren Müttern weggerissen oder von Nachbarn versteckt wurden, Ehemänner, von ihren Frauen getrennt, die mit Stöcken auf die Beine geschlagen wurden, damit sie schneller rannten.

Nach dem Besuch ihrer Freundin hat die Großmutter vor dem Abendessen den kleinen Jorge nach Hause gebracht und ist ein paar Minuten geblieben, um ihrem Sohn und der Schwiegertochter leise zu erzählen, was sie von Signora Muso Nero erfahren hat. Weil die erschütterte Rosa auf keinen Fall will, dass die Kinder die traurigen Geschichten mitbekommen, schaltet sie das Radio ein und stellt es lauter als gewohnt. Das Esszimmer wird plötzlich von Tangoklängen erfüllt: Radio El Mundo überträgt »Recuerdo« von Osvaldo Pugliese, der in Buenos Aires als der »Patron des Tango« verehrt wird. Der inzwischen fünfjährige Jorge scheint sich schon für den Tango zu begeistern. Durch diese Hintergrundmusik werden die dramatischen Geschichten der Großmutter mit noch mehr Emotionen aufgeladen; Mario denkt an seine jüdischen Freunde und spricht das Wort *Ungeheuer* aus, das seine Frau wenige Minuten später beim Abendessen wiederholt.

In dieser Zeit hörte ich die Erwachsenen häufig während der Mahlzeiten oder wenn ein Cousin oder Onkel zu Besuch da war, sagen: »Hitler ist ein Ungeheuer!« Natürlich blieben Mama und Papa von dem, was in Europa geschah, nicht unberührt, und wenn sie untereinander oder mit Oma sprachen, fiel der Name ebenfalls. Ich war noch zu klein, um damit etwas zu verbinden. Doch als ich älter wurde, begriff ich, wer dieser Mann war.

Papa arbeitete damals mit vielen jüdischen Menschen zusammen, mit denen er sich auch anfreundete. In seiner Färberei gab es viele Kunden, die dieser Religionsgemeinschaft angehörten, und die Garne oder Strümpfe herstellten und Stoffe färben ließen. Manchmal kamen sie mit ihrer ganzen Familie auch zu uns nach Hause. Unvermeidlich kam dann auch die Verfolgung der Juden zur Sprache, denn viele ihrer Verwandten waren über ganz Europa verstreut. Von einigen hatten sie nie wieder etwas gehört, seit sie verschleppt worden waren.

Während die Erwachsenen über solche Dinge sprachen, wurden wir Kinder zum Fußballspielen ins Freie oder in ein anderes Zimmer geschickt. Genauso ging es mir im Haus meiner Großmutter, wenn ihre alte Freundin Signora Margherita Muso Nero zu Besuch kam, eine einfache freundliche Frau. Obwohl sie etwa zehn Jahre jünger war als Oma, kam sie häufig und erzählte, was ihre Verwandten durchmachen mussten.

Auch bei diesen Gelegenheiten mussten wir Kinder den Raum verlassen, weil uns diese Gespräche nicht verstören sollten. Ab und zu aber erhaschte ich das eine oder andere Wort. Was hat Oma über Hitler geschimpft! Und auch über die, die ihn in unserem Land unterstützten. Damals gab es antisemitische Kräfte in der argentinischen Gesellschaft.

Ich spreche natürlich nicht von allen, doch einige Splittergruppen, vor allem im Partido Nacionalista, vertraten die Vorstellungen des »Dritten Reichs«. Auch bei uns in Argentinien gab es judenfeindliche Gesinnung, und das hat mich immer sehr geschmerzt.

Ich habe zu Gott gebetet, dass er auch diesen Menschen und die Grausamkeiten der totalitären Regime vergeben möge. So habe ich es auch ins Gästebuch geschrieben, als ich in Polen die Lager Auschwitz und Birkenau in stiller Pilgerschaft besuchte. Ich hielt keine Rede, jedes Wort wäre zu viel gewesen im Angesicht dieser ungeheuren Grausamkeit. Vor der Todeswand, an der die Häftlinge erschossen wurden, wollte ich für die Seelen der Opfer, für diese unsere älteren Brüder und Schwestern im Glauben und für all die Gemeinschaften beten, die diese Gräueltaten menschlicher Verblendung hatten erleiden müssen. Ich besuchte auch den Hungerbunker, in dem der heiliggesprochene Franziskanermönch Maximilian Kolbe ermordet worden war; er hatte sein Leben für einen Familienvater geopfert. Besonders hat es mich immer geschmerzt, dass diese unschuldigen Menschen bei der Deportation auf infamste Weise getäuscht worden waren: Sie glaubten, in Arbeitslager gebracht zu werden, und ahnten nicht, dass sie schon bald umgebracht werden sollten. Für den Besuch der Konzentrations- und Vernichtungslager finde ich keine Worte. Doch ich kann sagen, dass man dort auch nach so vielen Jahren die Nähe des Todes und der Grausamkeit immer noch spürt. Es war tief beeindruckend.

In den 1940er-Jahren, als die Nationalsozialisten die Vernichtung der Juden beschlossen, kannte meine Großmutter das ganze Ausmaß der Tragödie aus dem, was Signora Muso Nero ihr erzählt hatte, und konnte mich deshalb später darüber aufklären. Mit fünf oder sechs Jahren hätte ich mir noch nicht vorstellen können, zu was Menschen fähig sind, und hätte die Folgen auch gar begriffen. Wirklich bewusst wurde mir das alles erst durch den Geschichtsunterricht in der Schule, durch meine Familie, durch eigenes Studium und vor allem durch die Erzählungen der Überlebenden, die mir im Laufe der Jahre ihre Erlebnisse in den Todeslagern geschildert haben, in denen die Würde des Menschen mit Füßen getreten worden war.

Ich könnte zudem von den unzähligen Geschichten berichten, von denen ich durch den Rabbiner Abraham Skorka erfahren habe, aber ich werde nur zwei erzählen:

Die erste ist die von Lidia Maksymowicz, der Tochter zweier Partisanen aus Weißrussland, der ich im Vatikan bei einer Generalaudienz begegnet bin. Sie war erst drei Jahre alt, als sie von den Nazis deportiert wurde und eine Häftlingsnummer eintätowiert bekam. Ihre Familie wurde aus politischen Gründen ins Lager verschleppt, weil sich ihre Eltern, die selbst keine Juden waren, von Anfang an offen gegen die Verfolgung ihrer jüdischen Mitbürger gestellt hatten. Lidia kam 1943 ins Lager Auschwitz-Birkenau, wurde von ihren Eltern getrennt und mit anderen Kindern Opfer der schrecklichen Experimente von Josef Mengele, der an den Kindern Medikamente und Gifte ausprobierte. Es war am Ende der Audienz, als Lidia mir ihre Geschichte erzählte, und auch bei dieser Gelegenheit sagte ich nichts als *Danke* für ihre Zeugenschaft. Spontan küsste ich die eintätowierte Nummer, die sie seit dem dritten Lebensjahr auf ihrem Arm trägt.

Die zweite Geschichte ist die der ungarischen Jüdin Edith Bruck, die den Holocaust ebenfalls überlebte. Ihre Erzählungen und ihre Kraft haben mich tief beeindruckt. In der Dunkelheit des Lagers gelang es ihr, das Licht zu sehen. Ein Koch der Nazis fragte das kleine, wehrlose Mädchen nach ihrem Namen und sagte dann: »Auch ich habe eine kleine Tochter wie dich.« Er schenkte ihr einen Kamm, obwohl ihre Haare abrasiert waren. Dieses Geschenk empfand sie als Zeichen der Hoffnung inmitten der Allgegenwart des Todes. Als ich Edith Bruck in ihrem Haus in Rom besuchte und sie mir diese Geschichte erzählte, sagte ich zu ihr: »Dieser Koch wäre ich gerne gewesen!« Aber auch sie bat ich um Vergebung für all das Leid, das den Juden angetan wurde. Ich traf Edith noch einige Male öffentlich und einmal privat im Vatikan, immer am 27. Januar, dem Tag des Gedenkens an die Opfer des Nationalsozialismus. Menschen wie sie sind die lebendige Erinnerung und deshalb ein unermesslicher Schatz für uns alle. Die Ermordung von Millionen von Juden darf niemals vergessen werden, und Ähnliches darf nie wieder geschehen. Völkermord und Grausamkeit müssen ein Ende haben! Die Shoah lehrt uns, stets wachsam zu sein, damit wir nicht zu spät kommen, wenn der Frieden und die Würde des Menschen in Gefahr sind.

Die Sieben-Uhr-Nachrichten unterbrechen an diesem Sonntag den Tango, der den kleinen Jorge abgelenkt hat, während sich die Eltern mit Großmutter Rosa unterhalten. Der Sprecher berichtet über den japanischen Angriff auf die amerikanische Militärbasis von Pearl Harbor auf Hawaii, der in den frühen Morgenstunden des 7. Dezember 1941 stattgefunden hat. Es gab Tausende Tote, vor allem Soldaten. War bis dahin die Mehrheit der Amerikaner gegen eine Verwicklung der USA in den Zweiten Weltkrieg, änderte sich die Stimmung nach diesem Angriff des japanischen Kaiserreichs radikal, und Präsident Franklin Delano Roosevelt verkündete den Kriegseintritt der Vereinigten Staaten an der Seite Großbritanniens und der Sowjetunion. Alle im Raum verstummen bei dieser Nachricht aus Nordamerika. In einer Geste der Resignation faltet Rosa die Hände und schüttelt den Kopf, als wolle sie sagen: »Das hat uns gerade noch gefehlt …« Dann verabschiedet sie sich eilig, denn sie muss für Giovanni noch das Abendessen zubereiten.

Jorge gibt sie einen Kuss und verabschiedet sich von ihm mit den Worten: »Na dann, bis morgen!« Am nächsten Morgen wird sie ihn nämlich die vierhundert Meter bis zur Vorschule der Nuestra Señora de la Misericordia in der Avenida Directorio begleiten. Die von Nonnen geleitete Schule besucht der Kleine schon seit über einem Jahr.

Regina steht dagegen immer noch am Herd, um die Minestra zu kochen. Mario hat die Rechnungsbücher bereits vom Tisch abgeräumt, denn er hat sich auch an diesem Sonntag Arbeit mit nach Hause gebracht, und jetzt holt er die Kinder, damit sie sich die Hände waschen. Sie setzen sich brav an den Tisch, während Giovanni mit seiner Frau weiter darüber spricht, was Großmutter Rosa über die Judenverfolgung berichtet hat.

»Wie kann man nur so weit gehen?«, fragen sie sich, ohne ins Detail zu gehen, um die Kinder nicht zu erschrecken.

»Offenbar hält er sich für allmächtig, anders ist das nicht zu erklären …«, fügt Regina besorgt hinzu, während sie das Essen auf den Tisch stellt.

»Die Ärmsten«, fährt Mario fort. »Was für eine Angst müssen sie ausgestanden haben, vor allem die Kinder, während der Zugfahrt. Und was ist dann wohl passiert nach der Ankunft …«

»Welche Zugfahrt, Papa?«, fragen seine eigenen Kinder unisono, erhalten aber keine Antwort.

Nachdem sie ein paar Löffel Minestra gegessen hat, kann Regina nicht mehr an sich halten, weil sie weiter an die jüdischen Kinder denken muss, die ihren Müttern entrissen werden, ohne jeden Grund. Wütend stößt sie hervor: »Was für ein Ungeheuer, dieser Hitler!«

Da sie selbst Kinder, uns, hatten, fühlten unsere Eltern ganz besonders mit, wenn einem unserer Altersgenossen etwas Schlimmes zustieß. Bei den Deportationen der Juden, ob klein oder groß, taten sie es umso mehr. Als praktizierende Christen konnten sie das Geschehene nur verurteilen und bezeichneten Hitler mit vollem Recht so!

Mir geht es heute manchmal ähnlich, wenn ich in den Zeitungen von antisemitischen oder rassistischen Vorfällen lese. Denken wir an die Gewalttaten einiger Fanatiker, an die geschändeten Gräber oder an die mit dem Davidstern gekennzeichneten Häuser in mehreren europäischen Ländern nach dem Ausbruch des neuen Konflikts im Nahen Osten im Oktober 2023. Das ist eine Schande, besonders weil es oft junge Leute sind, die sich daran beteiligen! Als ob sie nicht verstanden hätten, was die Shoah war!

Denken wir auch an die Menschen mit dunkler Hautfarbe: In den Vereinigten Staaten zum Beispiel kam es zu großen Protestdemonstrationen, weil Schwarze Menschen immer wieder Opfer rassistischer Vorurteile und Übergriffe werden und sterben müssen. Der Tod von George Floyd und anderer Afroamerikaner hat eine große Bewegung ausgelöst. Aber Rassismus gibt es nicht nur in Nordamerika, sondern betrifft auch uns in Europa.

Glücklicherweise gibt es immer auch eine Reaktion der Öffentlichkeit gegen sozial und rassistisch motiviertes Unrecht, gegen Machtmissbrauch und die Verletzung der Menschenwürde. Deshalb bezeichne ich Menschen, die an gewaltfreien Demonstrationen teilnehmen, gerne als »kollektive Samariter«, die die Würde jedes Einzelnen verteidigen. Wir dürfen nicht vergessen, dass Rassismus eine Krankheit ist, ein Virus, das bei Hitler hochpotenziert war, denn er wollte nicht nur die Juden ausrotten, sondern auch die Sinti und Roma, Menschen mit Behinderung oder Homosexuelle, Kranke und selbst Kinder mit Downsyndrom. Ohne jedes Mitleid schickte er sie alle in den Tod. Das hat mich stets im Innersten verletzt, und ich werde mich nie damit abfinden. Deshalb sage ich immer wieder, dass wir uns nicht abwenden und wegschauen dürfen, wenn wir Antisemitismus, Rassismus oder sonstiger Diskriminierung begegnen, sondern die Heiligkeit des menschlichen Lebens verteidigen müssen. Der Name Gottes wird durch den Wahnsinn des Hasses entehrt und entweiht. Heute genauso wie unter den verbrecherischen Regimen des Zweiten Weltkrieges. Geschichte wiederholt sich, das sehen wir auch in diesen Tagen an dem, was in der Ukraine oder im Nahen Osten geschieht.

Wenn ich an meine Kindheit denke, erinnere ich mich, dass auch die Juden, die außerhalb Europas lebten, in jenen Jahren Schweres durchgemacht haben: Ich las es in den Augen von Papas Freunden, die uns besuchten, und in den Augen ihrer Kinder. Einigen von ihnen lag immer ein schwerer Stein auf dem Herzen, auch wenn sie mit mir spielten. Vielleicht wussten sie, was ihrem Volk und ihren Verwandten zustieß, denn sie lächelten fast nie, und ihr Blick war traurig. Den Blick erkenne ich auch heute, wenn ich Kinder aus Kriegsgebieten empfange: Ihre Augen lächeln nie, und das Lächeln in ihren Gesichtern wirkt gezwungen.

Von Kindern können wir viel lernen, vor allem in Zeiten des Krieges. Darum wollte ich auch einen Weltkindertag einführen. Damit sie uns als wichtigste »Verbündete« bei der Suche nach Frieden helfen. Mit ihren unschuldigen und reinen Herzen erzählen sie uns so viel, schon in der Schule lehrt man sie, in Frieden zusammen zu leben! Jedes Mal, wenn ich Kinder treffe, wird auch mein Herz wieder ein bisschen zum Kind, und ich vergesse alle Schwierigkeiten und Kontroversen, die mir während der Arbeit begegnen. Wenn ich sie erlebe, so glücklich und lebensfroh, sehe ich wieder die Begeisterung, mit der wir früher mit unseren Freunden auf der Straße gespielt haben. Natürlich gab es Streit und böse Worte, doch am Ende haben wir uns immer wieder vertragen ... und bei Oma Rosa Brot mit Zucker bekommen.

Im Gedenken an Juden, die gelitten und mit ihrem Leben bezahlt haben, nur weil sie diesem Volk angehörten, wollte ich 2014 die Gedenkstätte für die Opfer der Schoah in Yad Vashem besuchen. In meiner Ansprache stellte ich einfache Fragen: »Wer bist du, o Mensch, wer bist du geworden? Zu welchem Gräuel bist du fähig gewesen? Was hat dich so tief fallen lassen? [...] Wer hat dich überzeugt, dass du Gott bist? Nicht nur gefoltert und getötet hast du deine Brüder, sondern du hast sie als Opfer dir selber dargebracht, denn du hast dich zum Gott erhoben. [...] Erbarme dich unser, o Herr! [...] Denk an uns in deiner Barmherzigkeit. Gib uns die Gnade, uns zu schämen für das, was zu tun wir als Menschen fähig gewesen sind, uns zu schämen für diesen äußersten Götzendienst, unser Fleisch, das du aus Lehm geformt und das du mit deinem Lebensatem belebt hast, verachtet und zerstört zu haben. Niemals mehr, o Herr, niemals mehr!«[III]

Wir dürfen die am jüdischen Volk im letzten Jahrhundert begangenen Gräueltaten nie vergessen: Mit dem Ende des Krieges und dem Zusammenbruch der totalitären Regime glaubten wir, auch die Verfolgung von Juden gehöre der Vergangenheit an. Doch sie werden auch heute noch verfolgt und gebrandmarkt. Das ist weder christlich noch menschlich! Wann werden wir lernen, dass sie unsere Schwestern und Brüder sind?

Wenn ich an all jene denke, die in den 1940er-Jahren in den Lagern leiden und sterben mussten, muss ich auch oft daran denken, wie ruhig und sorgenfrei wir damals in Argentinien lebten. Wir hatten alles, auch wenn wir in einfachen Verhältnissen lebten. Wir brauchten kein Auto, keine maßgeschneiderten Kleider oder Ferienreisen, es genügte, glücklich zu sein. Und glücklich waren wir in unserer Familie Gott sei Dank immer. Vor allem brauchte niemand Angst davor zu haben, dass die SS an die Tür hämmert und das Haus durchsuchen würde. Auf den Straßen patrouillierten keine Nazis, den Müttern wurde nicht der Kopf rasiert, sie wurden nicht von ihren Kindern getrennt, in ein Lager verschleppt, in dreckige Häftlingskleidung gesteckt und all ihrer Rechte beraubt. Genauso wenig wie Männer zur Zwangsarbeit verpflichtet wurden, um dann, wenn sie nutzlos geworden waren, ermordet und in den Gasöfen verbrannt zu werden.

Warum mussten sie das erleiden und ich nicht? Warum wurden unzählige Kinder, wie ich eines war, in jenen Jahren von ihren Eltern getrennt, während der Himmel mir und meinen Geschwistern eine glückliche Kindheit schenkte? Das frage ich mich mit blutendem Herzen bis heute, und bis heute weiß ich keine Antwort.

III.

DIE ATOMBOMBE UND DAS KRIEGSENDE

Das Stadion ist ein einziger Hexenkessel. Die Anhänger von San Lorenzo de Almagro feiern nach dem Schlusspfiff lauthals jubelnd, tanzend und singend die als *Terceto de Oro* (»Goldterzett«) bekannten Spieler Armando Farro, René Pontoni und Rinaldo Fioramonte Martino. Obwohl Farro nicht aufgestellt war, hat die Mannschaft der Rot-Blauen mit sechs zu drei gegen Ferro Carril Oeste, den Verein des Barrio Caballito, gewonnen. Ein unglaubliches Ergebnis an jenem historischen Sonntag, dem 2. September 1945. Niemand hätte an einen solchen Sieg für San Lorenzo geglaubt, nicht einmal der Trainer Diego García, doch das Wunder wurde wahr. Zu den treusten Fans des Vereins von Almagro gehören auch die Bergoglios. Die ganze Familie ist da, Mario hat Regina und alle vier Kinder mitgebracht: Jorge, der neben Papa sitzt, Óscar, Marta und den dreijährigen Alberto.

Pontoni und seine Teamkameraden laufen eine Stadionrunde, um sich beim Publikum zu bedanken, aber auch, um ein anderes Ereignis zu feiern: Vor Spielbeginn hat das Radio die Nachricht verbreitet, dass die von Außenminister Mamoru Shigemitsu angeführte japanische Delegation an Deck des

US-amerikanischen Schlachtschiffs *Missouri* in der Bucht von Yokohama die Kapitulationsurkunde Japans unterzeichnet hat. Das Ende des Zweiten Weltkrieges ist damit besiegelt. In Europa endete der Krieg bereits einige Monate zuvor. Angesichts des Vorrückens der anglo-amerikanischen Truppen und der Roten Armee auf Berlin beging Hitler am 30. April Selbstmord, und am 7. Mai unterzeichnete Generaloberst Jodl im Hauptquartier der Westalliierten in Reims die bedingungslose Kapitulation.

Der 2. September bedeutet weltweit das Ende der Feindseligkeiten. Doch die ganze Welt steht noch unter dem Schock des amerikanischen Atombombenabwurfs auf die japanischen Städte Hiroshima und Nagasaki. Die enorme Zerstörungskraft der beiden Bomben hatte über zweihunderttausend Tote und einhundertfünfzigtausend Verletzte zur Folge. Auch in Argentinien feiert man das Ende des Krieges, und überall ist von den neuen Waffen die Rede: in den Bars, den Zeitungen, dem Radio, der Pfarrgemeinde und der Nachbarschaft. Der inzwischen neunjährige Jorge hört seine Eltern darüber sprechen, aber auch seine Lehrerin in der Grundschule Nr. 8 Coronel Pedro Antonio Cerviño. Wie seine Mitschüler trägt er einen weißen Kittel mit einer schwarzen Schleife. Seine Lehrerin Estela Quiroga beeindruckt der Junge durch seine originelle Art, wie er mit dem Schulstoff umgeht: Addition, Subtraktion oder Multiplikation lernt er nicht dadurch, dass er sie aufschreibt oder seine Finger zum Abzählen zu Hilfe nimmt, sondern er übt sie, indem er die Treppen der Schule hinauf- oder hinuntersteigt. Neben der Mathematik liebt Jorge Lesen, Briefmarkensammeln und Sport. Mit seinem Vater spielt er Basketball, mit den Kindern seines Viertels Fußball, und am Sonntagnachmittag geht die ganze Familie ins Stadion.

An jenem 2. September 1945 hat er vor dem denkwürdigen Spiel seines Vereins San Lorenzo bereits am Morgen in der nahegelegenen Basilika San José de Flores mit Großmutter Rosa die Messe besucht und spielt danach zu Hause mit den Eltern und Óscar Karten. Der Raum ist erfüllt von den Klängen der *Leonoren*-Ouvertüre Nr. 3: Mario hat eine Schallplatte mit Beethovens *Fidelio* aufgelegt und die Rechnungsbücher vom Tisch geräumt, die er wie üblich nach Hause mitgebracht hat, um die Arbeit der Woche abzuschließen. Auch wenn er weniger verdient als seine Kollegen, weil sein Diplom in Argentinien nicht anerkannt wird, verliert er nie seine gute Laune, vor allem dann nicht, wenn er seinen Jungs geduldig die Spielregeln erklären muss. Mario kann sich seinen Kindern aber nicht ewig widmen, denn um halb zwölf müssen die Eltern das Sonntagsmahl vorbereiten. Plötzlich wird der ruhige vergnügte Vormittag im Kreise der Familie unterbrochen, als von draußen jemand nach Regina ruft.

Unsere Nachbarin María rief laut nach meiner Mutter. An diesen Tag im September 1945 erinnere ich mich noch, als wäre es gestern gewesen: Unser Haus war wie alle Häuser der Gegend durch eine meterhohe Mauer von dem der Nachbarn getrennt. Und von nebenan rief unsere Nachbarin plötzlich mit voller Lautstärke »Señora Regina! Señora Regina!«, damit Mama auf die Straße kam. Weil sie dachte, etwas Schlimmes sei passiert, rannte meine Mutter hinaus. Die Nachbarin schrie weiter, diesmal jedoch mit einem strahlenden Lächeln: »Señora Regina ... der Krieg ist aus! Der Krieg ist aus!!« Mama blieb für einen Augenblick völlig verwirrt stehen, dann brachen beide in Tränen der Freude und Erleichterung aus. Inzwischen heulte auch die Sirene der Zeitung *La Prensa* auf: ein unüberhörbares Signal an die Bevölkerung, dass etwas Wichtiges geschehen war. Obwohl sich der Sitz der Zeitung etwa zehn Kilometer von unserem Haus entfernt befand, war der Sirenenton so durchdringend, als läge das Pressegebäude um die Ecke. Die Leute stürzten auf die Balkone und die Straße, um zu erfahren, was passiert sei, auch Papa und wir Kinder. Dieser bewegende Moment steht mir bis heute lebendig vor Augen und hat mich gelehrt, wie sehr auch diese einfachen Menschen in Südamerika, weit weg von den Kriegsschauplätzen, sich nach Frieden sehnten. Wir teilten das wunderbare Gefühl, ein grauenvoller Albtraum sei endlich zu Ende, vor allem, wenn wir an die Opfer dachten, die Toten und diejenigen, die hatten fliehen müssen und auch bei uns Zuflucht suchten.

Damals sehnten sich die Menschen auf der ganzen Welt das Kriegsende herbei, die Geschichte wiederholt sich, und so wie damals ist es auch heute: Wir alle leiden unter den Kriegen und Konflikten in den verschiedensten Regionen der Welt und fragen uns, was wir tun können, um das Leid der Menschen zu lindern. Natürlich können wir durch Werke der Nächstenliebe zum Wiederaufbau beitragen oder dazu, dass Hilfsgüter geliefert werden. Doch unser wichtigster Beitrag kann darin bestehen, unsere Herzen von Hass und Ablehnung den Nächsten gegenüber zu befreien. Wir alle sind Schwestern und Brüder. Das Ressentiment darf nicht die Oberhand gewinnen. Jeder Krieg braucht, um wirklich zu Ende zu sein, die Vergebung, sonst folgt darauf nicht Gerechtigkeit, sondern Rache!

Wir müssen lernen, in dieser Welt eine Kultur des Friedens zu etablieren, die sich nicht auf die Ablehnung von Waffengewalt beschränkt. Es geht dabei auch um die Gewalt durch Worte, die zerstören, um die psychische Gewalt gegen schwache und wehrlose Menschen, um Machtmissbrauch auch in der Kirche. Wollen wir wirklich Frieden? Dann müssen wir anfangen, an uns selbst zu arbeiten! Diesen Weg zeigt uns Paulus auf, wenn er sagt, dass Mitgefühl, Wohltätigkeit und Vergebung das beste Mittel zur Herstellung einer Kultur des Friedens sind.

Ich denke an die Worte von Papst Pius XII. in seiner Radioansprache an die Regierungen und Völker der Welt kurz vor Ausbruch des Zweiten Weltkrieges im August 1939, die auch wir zu Hause im Radio hörten: »Nichts ist mit dem Frieden verloren. Alles kann durch Krieg verloren gehen. Die Menschen müssen wieder aufeinander zugehen und verhandeln. Wenn sie guten Willens und unter Achtung ihrer gegenseitigen Rechte verhandeln, werden sie erkennen, dass aufrichtigen und tatkräftigen Verhandlungen ein ehrenhafter Erfolg nie verwehrt ist.«[IV]

Doch die menschliche Bosheit hatte weder damals noch heute Ohren, um solche heiligen und weisen Worte zu hören. Sechs Jahre später zerstörten zwei Atombomben Hiroshima und Nagasaki. Ich weiß noch, wie man in meiner Umgebung über diese Ereignisse diskutierte. In der Bar oder in der Jugendfreizeit der Salesianer erzählten die Menschen, dass die *gringos* diese tödlichen Waffen eingesetzt hatten, wussten aber nichts weiter darüber. Wir Kinder verstanden nichts, die Erwachsenen ebenso wenig. »Was ist eine Atombombe? Wie funktioniert sie?«, fragten sich alle. In den

Zeitungen und im Radio gab es wissenschaftliche Erklärungen darüber, was mit den Atomen in der Bombe geschah und wie groß ihre Zerstörungskraft war. Manche fragten sich sogar, ob die Auswirkungen der Explosion bis Südamerika und Argentinien reichen würden ... Es fehlte das Wissen, das man heute hat, und es herrschte wirklich große Angst überall. Angst und Verzweiflung sprachen aus den Berichten derer, die während und nach den Explosionen der Bomben vor Ort waren. Ich komme später noch einmal darauf zurück.

Auch in den Straßen von Buenos Aires feiert man das Ende des Krieges. Mario stellt das Radio an, um Genaueres zu erfahren, während Regina in die Küche zurückgekehrt ist, um das Mittagessen vorzubereiten. Die Familie muss sich beeilen, denn das sonntägliche Fußballspiel beginnt schon am frühen Nachmittag, und ohne Auto ist der Weg dahin lang. Zum Glück ist Rosa gekommen, um in der Küche zu helfen, denn sie und Giovanni werden im Hause ihres Sohnes essen. Die Kinder spielen inzwischen im Wohnzimmer. Óscar zeigt Jorge stolz zwei Pesos, die er beim Kartenspielen gewonnen hat. Marta ist neugierig, versucht, ihm eine Münze wegzunehmen, um sie in die Hand zu nehmen. Daraus entsteht unter Geschrei, Tränen und An-den-Haaren-Ziehen ein heftiger Streit.

»Jetzt gib ihr schon eine Münze, Óscar. Sie will sie doch nur anschauen und gibt sie dir gleich wieder zurück«, mischt sich die Großmutter ein.

»Nein, sie will sie behalten und wird sie bestimmt irgendwo verstecken«, erwidert der Junge beleidigt.

»Aber das wird kein Problem sein, denn das wird bedeuten, dass du sie ihr geschenkt hast. Denkt immer daran: Das letzte Hemd hat keine Taschen! Es nützt nichts, am Geld zu hängen«, erklärt ihm seine Oma.

Die Kinder werden plötzlich still, und Jorge ist von den Worten der Großmutter ganz betroffen. Er erfasst ihre Bedeutung und gibt Óscar ein Zeichen, eine der Münzen der Schwester zu überlassen. Marta bekommt, was sie will, gibt ihrem Bruder einen Kuss und verschwindet zum Spielen in ihr Zimmer.

Die Sportsendung vor dem Spiel am Nachmittag ist mittlerweile zu Ende, und während die Ravioli auf den Tisch kommen, folgen im Radio Nachrichten über das Ereignis des Tages, über die Feiern in den Straßen von Washington, London und Paris, die Reaktionen der Regierungen der ganzen Welt und über die Ankunft amerikanischer Soldaten in Tokio, die von japanischen Kindern mit Blumen begrüßt wurden. Überall atmet man die Luft des Friedens. Doch man diskutiert auch den Abwurf der beiden Atombomben und die Auswirkungen der radioaktiven Strahlung auf die Menschen, die nun in den Feldlazaretten des kaiserlichen Heeres liegen. Ein Korrespondent berichtet über eine Frau, die im Augenblick der Explosion ihren Kimono trug: Die Strahlung war so stark, dass sich das Muster ihres Kimonos wie mit glühenden Eisen auf ihren Rücken eingebrannt hat. Mario schaltet das Radio aus, denn solche Details sind nichts für Kinderohren und endlich ist es auch Zeit, sich zu Tisch zu setzen.

Aus Japan erreichten uns tatsächlich schreckliche Nachrichten: Im Radio war die Rede von den Überlebenden der Bombenabwürfe, denen nichts mehr geblieben war und die wahrscheinlich infolge der Strahlung, die sie abbekommen hatten, bald sterben würden. Auch in unserer Nachbarschaft wurde viel darüber diskutiert. Die Menschen fürchteten einen ähnlichen plötzlichen Feuerschein, dessen Wirkung erneut alles zerstören und niemandem eine Chance lassen würde.

Obwohl ich weit von Japan entfernt lebte, konnte ich die Ereignisse durch die Berichte von Pater Pedro Arrupe, der einige Jahre nach der Katastrophe später Argentinien besuchte, auf gewisse Weise nachempfinden als ich Novize bei den Jesuiten war. Arrupe war als Missionar in Hiroshima, wo er das Noviziat der Gesellschaft Jesu leitete. Zusammen mit den fünfunddreißig Novizen, die in dem Kolleg lebten, und weiteren Jesuiten hatte er wie durch ein Wunder überlebt. Pater Arrupe aber sprach nie von einem Wunder, obwohl das Jesuitenkolleg nicht allzu weit von der Stelle entfernt war, über der die Bombe gezündet worden war!

Aber er erzählte mir, wie am 6. August 1945, nachdem es eine starke Explosion gegeben hatte, das ganze Gebäude zusammenbrach und Türen, Fenster, Wände und Möbel wie Papierfetzen davonflogen. Die Patres und Novizen retteten sich, indem sie in die umliegenden Reisfelder rannten. Als sie in Sicherheit waren, beobachteten sie von einem Hügel aus, wie die ganze Stadt dem Erdboden gleichgemacht worden war. Eindrücklich beschrieb er, wie er auf ein Meer aus Flammen und auf zahllose verbrannte Leichen hinabblickte.

Pater Arrupe hatte Medizin studiert, und da die meisten Ärzte vor Ort tot waren, sprang er ein und verwandelte die Ruinen des Noviziats in ein Feldlazarett. Das war eine gute Idee, aber es mangelte an Medikamenten. Glücklicherweise bekam er von einem Bauern einen Sack mit etwa zwanzig Kilo Borsäure, die er mit Wasser gemischt zur Behandlung der vielen Menschen nutzte, deren Körper mit Brandwunden übersät waren. Aus anderen Städten kam erst am nächsten Tag Hilfe, doch die Japaner bewiesen bewunderungswürdige Tatkraft und begannen gleich am nächsten Tag mit dem Wiederaufbau ihrer Stadt. Als Erwachsener wollte auch ich einmal als Missionar nach Japan gehen, erhielt aber keine Genehmigung, weil ich damals gesundheitlich sehr angeschlagen war. Wer weiß – wäre ich seinerzeit nach Japan geschickt worden, hätte mein Lebensweg eine andere Richtung genommen, und vielleicht säße jetzt ein Besserer auf dem Stuhl Petri!

In jenen schrecklichen Tagen half Pater Arrupe nicht nur den Bombenopfern, sondern sammelte auch Spenden für den Wiederaufbau des Jesuitenkollegs. Er ging von Tür zu Tür, bat um Almosen und begegnete trotz des allgemeinen Unglücks enormer Großzügigkeit. Während er unter den abertausend leidenden Menschen lebte, erhoben andere ihr Glas, um den Sieg zu feiern. Der Einsatz atomarer Energie zu Kriegszwecken ist ein Verbrechen gegen die Menschlichkeit, ein Verbrechen gegen die Würde des Menschen und gegen eine mögliche Zukunft in unserem gemeinsamen Haus. Der Einsatz von Atomwaffen ist unmoralisch![V] Wie können wir als Verfechter des Friedens und der Gerechtigkeit auftreten, wenn wir gleichzeitig neue Kriegswaffen bauen? Darüber hinaus hätte der Einsatz solcher Massenvernichtungswaffen katastrophale Folgen für Umwelt und Gesellschaft. Japan ist dafür ein warnendes Beispiel.

2019 habe ich das Friedensdenkmal in Hiroshima besucht und war tief bedrückt, als ich an all die unschuldigen Opfer dachte. Ich wollte diese Pilgerreise unternehmen, um vor allem drei moralische Gebote zu betonen, die den Weg für Frieden eröffnen können: die Erinnerung aufrechterhalten, gemeinsam vorangehen und alles Lebende schützen. Wir dürfen nicht zulassen, dass die neuen Generationen, einschließlich der gegenwärtigen, die Vergangenheit nicht mehr kennen, denn lebendige Erinnerung kann helfen, von Generation zu Generation die Losung weiterzugeben: Nie wieder!

Diesen Weg müssen wir vereint gehen und dürfen die Vergebung nicht aus den Augen verlieren, damit sie wie ein Lichtstrahl die dichten Wolken, die den Himmel verdüstern, durchbrechen kann. Es gibt zu viele Brandherde in der Welt, wenn wir uns umschauen und sehen, wie unsere Brüder und Schwestern in der Ukraine, in Syrien, im Jemen, in Myanmar, im Nahen Osten, Südsudan ... und in allen anderen Kriegsgebieten und Krisenregionen leben müssen. Dagegen müssen wir uns der Hoffnung öffnen und zu Werkzeugen des Friedens und der Versöhnung werden. Das kann uns gelingen, wenn wir fähig werden, uns gegenseitig zu beschützen und uns als Brüder und Schwestern einer gemeinsamen Bestimmung zu erkennen. Deshalb müssen wir heute wie damals aus tiefstem Herzen unsere Stimmen erheben: Nie wieder Krieg, nie wieder Waffenlärm, nie wieder solches Leid. Friede für alle, ein dauerhafter Friede ohne Waffen.

In jenen Tagen des Jahres 1945 wurde auch in der Schule viel über das Ende des Weltkrieges gesprochen und darüber, wie die Großmächte die Welt unter sich aufgeteilt hatten. Ich erinnere mich, dass wir Schüler uns über eine Friedensordnung Gedanken machen sollten, und ich war mit Eifer dabei.

Das Thema spielte auch in den folgenden Jahren in meiner neuen Schule eine große Rolle. 1948 war meine jüngste Schwester María Elena geboren, und meine Mutter litt unter gesundheitlichen Problemen und konnte sich nicht mehr um uns alle kümmern. Mit Hilfe von Don Enrico Pozzoli wurden Óscar, Marta und ich deshalb ins Internat der Salesianer geschickt; die damals achtjährige Marta besuchte das Mädcheninternat María Auxiliadora, während mein Bruder und ich in das ungefähr zwölf Kilometer entfernte Kolleg Wilfrid Barón de los Santos Ángeles in Ramos Mejía kamen.

Ich besuchte dort die sechste Klasse und muss sagen, Zeit für Langweile blieb mir kaum. Wir tauchten ein in ein Leben, in dem es keine Muße gab. Unsere Tage begannen frühmorgens mit der Messe, dann ging es weiter mit den Unterrichtsstunden, Lernen und Spielen in den Pausen bis zum *Abendgruß* des Direktors, mit dem der vollgepackte Tag endete. Im Kolleg lernte ich, wirklich richtig zu lernen, denn die Professoren brachten uns Gedächtnistechniken bei, die mir bis heute nützlich sind. Und ich lernte die Stille zu schätzen, denn es war wunderbar, Stunde um Stunde in absolutem Schweigen zu arbeiten, weil es die Konzentration förderte. Wir trieben auch viel Sport, denn unsere Lehrer sagten uns, dies sei ein grundlegender Aspekt unseres Lebens. Nach all den Sorgen, die der Krieg und die Atombomben mit sich gebracht hatten, war es notwendig, sich auch zu entspannen, weshalb sich der Wettkampf in gesunden Grenzen halten musste: Unsere Lehrer brachten uns bei, wie Christen ohne böse Fouls zu wetteifern und vor allem, auch auf dem Spielfeld ehrlich zu sein!

Das Wichtigste war in meinen Augen aber, dass im Kolleg ein Bewusstsein für die Wahrheit der Dinge geweckt und eine katholische Kultur vermittelt wurde, die nicht bigott war, sondern Orientierung gab. Es war eine gelebte Kultur der echten Nächstenliebe! Daraus entstanden Verhaltensweisen, die in ihrer Gesamtheit einen Lebensstil formten, der sich an den Lehren der katholischen Kirche orientierte. Im Kolleg habe ich zum Beispiel gelernt, mich den anderen zu öffnen und mich von Dingen zu trennen, um sie denen zu geben, die ärmer waren als ich. Schließlich hat das letzte Hemd keine Taschen, wie schon Oma Rosa wusste.

Es war also sicher kein Zufall, dass ich bei den Salesianern als damals Zwölfjähriger zum ersten Mal den Wunsch verspürte, Priester zu werden. Ich nahm meinen Mut zusammen und sprach darüber mit Pater Martínez, der von allen *el pescador* (der Fischer) genannt wurde, weil er in den salesianischen Kollegs, in denen er unterrichtete, bereits eine große Zahl von Jugendlichen für das Priesteramt gewonnen hatte. Ich traf ihn ein paarmal, er stellte mir ein paar Fragen und gab mir einige Ratschläge, aber wir vertieften das Thema nie weiter. Der Wunsch, Priester zu werden, schlummerte noch in mir, bis er sich in den 1950er-Jahren mit Wucht bemerkbar machte.

IV.

DER KALTE KRIEG UND DIE McCARTHY-ÄRA

»Guten Morgen, Jorge, was für eine schöne Überraschung! Was führt dich denn hierher? Es ist doch noch gar nicht Sommer ...«

Esthers unverwechselbare Stimme hallt durch die noch menschenleeren Räume des Hickethier-Bachmann-Labors, in dem Jorge Bergoglio im Juni 1953 um sieben Uhr morgens unerwartet auftaucht. Es ist kalt und regnerisch, weil Argentinien auf der Südhalbkugel der Erde liegt, wo die Jahreszeiten umgekehrt ablaufen wie auf der Nordhalbkugel.

Jorge kennt das Labor, und alle kennen ihn, denn er macht in den Sommermonaten von Dezember bis März ein Schulpraktikum am Institut für Chemische Analytik im Barrio Recoleta von Buenos Aires. Seine Aufgabe ist die Qualitätskontrolle für Lebensmittel.

Jorges Vater hat darauf bestanden, dass sein Sohn im Sommer Arbeitserfahrung sammelt, und so krempelt Jorge die Ärmel hoch. Es fällt ihm schwer, den Einsatz im Labor mit dem Lernen zu verbinden, aber er ist nicht der Einzige, der jeden Abend völlig erschöpft nach Hause kommt. Ein Praktikum in einer Fabrik oder im Labor ist verpflichtend für alle Schüler der Escuela Industrial Nr. 12, die Jorge besucht. Im Sommersemester ist der Unterricht für alle dritten, vierten und fünften Klassen geteilt in Theorie am Nachmittag von vierzehn bis achtzehn Uhr und das Praktikum am Morgen von sieben bis dreizehn Uhr. Die einstündige Mittagspause ist gerade lang genug, um vom Arbeitsplatz zur Schule zu kommen und eilig ein Sandwich zu essen. Nach sechs Jahren erhält man das Diplom als chemischer Sachverständiger.

Jorges unerwarteter Besuch im Labor an diesem Wintermorgen hat natürlich nichts mit dem Lehrplan zu tun. Der Sechzehnjährige will vor der Schule nur ein paar Worte mit der Laborleiterin wechseln. Die fünfunddreißigjährige Esther Ballestrino ist eine Biochemikerin aus Paraguay, die aufgrund der Verfolgungen unter der Diktatur von General Higino Morínigo Martínez ihr Land verlassen musste. Esther ist eine kommunistische Aktivistin und Mitglied des Partido Revolucionario Febrerista (PRF), der sich vor allem für die Rechte von Frauen und Landarbeitern einsetzt. Esthers Reden und ihre politische Arbeit wurden von der paraguayischen Regierung nicht toleriert, und so musste sie fliehen und im Argentinien von Juan Domingo und Evita Perón Zuflucht suchen.

Die junge Frau mit dem vollen kastanienbraunen Haar ist stets elegant gekleidet und verbindet Zuwendung mit Strenge, um Jorge den Umgang mit dem Mikroskop, mit Destillierkolben und Messbechern beizubringen. Außerhalb der Arbeitszeit jedoch plaudert sie gern mit ihm über das Tagesgeschehen, die politischen Ereignisse in der Welt, über Marxismus und Arbeiterrechte.

Esthers Bürotür steht immer offen, und der Raum ist vollgestopft mit Karteikästen und Instrumenten für die Laboranalyse. Neben Stapeln von Papieren und Testergebnissen, die an die Auftraggeber geschickt werden müssen, liegt stets eine Tageszeitung, die sie jeden Morgen am Kiosk kauft und während der Arbeitspausen liest. An diesem Morgen wird in den Auslandsnachrichten über die Hinrichtung von Julius und Ethel Rosenberg auf dem elektrischen Stuhl im Gefängnis Sing Sing berichtet. Zwei Jahre zuvor ist das Ehepaar wegen Spionage für die Sowjetunion verurteilt worden, weil die Rosenbergs nach Ansicht des Gerichts geheime Informationen über Atomwaffen an die Sowjets weitergeleitet hatten.

Mit den Worten: »Jorge, hör dir das an ...«, weist Esther ihn auf einen Artikel hin und liest laut vor.

»Der Ärmsten mussten mehr Stromschläge als gewöhnlich gegeben werden, weil sie nicht starb ... Das sind die Folgen des Kalten Krieges, oder besser die schlimmen Folgen des McCarthyismus«, kommentiert Esther den Artikel.

Jorge kennt den Begriff »McCarthyismus« bereits, weil ihn seine Lehrer bei der Besprechung einer Karikatur von Herbert Block aus dem Jahre 1950 gebraucht hatten, die in der *Washington Post* veröffentlicht worden war und weltberühmt wurde. Dort war dieser Begriff erstmals aufgetaucht.

In den Vereinigten Staaten herrschen in jenen Jahren wachsende politische Spannungen durch eine von Senator Joseph McCarthy geleitete Kommission zur Aufspürung »unamerikanischer Umtriebe« von vermeintlichen Kommunisten, von Männern und Frauen, die aufgrund ihrer Ideologie die Fundamente der amerikanischen Gesellschaft erschüttern könnten. Ins Visier geraten Künstler, Journalisten, Schriftsteller, Kulturschaffende, ja sogar Angehörige der Streitkräfte und der Regierung. Man spricht von »Hexenjagd«, und die »Angst vor den Roten« gewinnt anscheinend die Oberhand, während die beiden Machtblöcke der Vereinigten Staaten und der Sowjetunion immer weiter auseinanderdriften. In dieser Zeit koppelt sich das Argentinien der *descamisados*, der »Hemdlosen«, wie sich die Peronisten nannten, vom amerikanischen Einfluss ab, weigert sich Partei zu ergreifen und wählt einen dritten Weg: weder auf Seiten der Kapitalisten noch auf der der Kommunisten.

Politisch gesehen war der Kalte Krieg ziemlich *heiß*, denn er durchzog auch die Gesellschaft, und das führte zu öffentlichen Provokationen, Protesten, Verdächtigungen und oft sogar zu Repressalien. Ich erinnere mich an zahllose Karikaturen in der argentinischen Presse über den verdeckten Kampf zwischen der Sowjetunion und den Vereinigten Staaten, die ihren Kampf zwar nicht mit Waffen, dafür aber mit Drohungen und Spionage ausfochten.

Viel wurde auch über den Machtkampf in der Sowjetunion nach Stalins Tod berichtet, und ich erinnere mich gut daran, dass die einen darauf mit großer Erleichterung, die anderen aber, die nostalgischen Stalinisten, mit großer Trauer reagierten. Auch die schreckliche Geschichte des Ehepaars Rosenberg steht mir noch deutlich vor Augen. Sie erwuchs aus einem Klima in den Vereinigten Staaten, das von Misstrauen und der hysterischen Suche nach möglichen kommunistischen Spionen geprägt war und für die sich der Begriff McCarthyismus eingebürgert hat.

Ich erinnere mich sogar, wie Papst Pius XII. in einer Botschaft darum bat, die Todesstrafe für die Rosenbergs aufzuheben. Die Kirche lehnt die Todesstrafe, die auch heute noch in vielen Ländern praktiziert wird, grundsätzlich ab! Es muss auch für einen Verurteilten immer ein Fenster der Hoffnung offenstehen, dagegen bedeutet die Todesstrafe das Scheitern der Gerechtigkeit. Der Mensch kann sich ändern und hat bis zum letzten Augenblick eine Chance auf Erlösung. Die Todesstrafe verwehrt ihm diese Möglichkeit und zerstört auf diese Weise das Leben, das wichtigste Geschenk, das wir von Gott erhalten haben. Woher, frage ich mich, nehmen Menschen das Recht, über Leben und Tod anderer zu entscheiden? Wollen sie sich an die Stelle Gottes setzen? Mehr denn je ist es heute notwendig, dass sich Christen vereint in ihrem Glauben hinter diejenigen Organisationen stellen, die sich tagtäglich dafür einsetzen, die Todesstrafe abzuschaffen. Darin müssen wir uns alle einig sein!

Da unser Land eigene innenpolitische Probleme hatte, spielte der amerikanische McCarthyismus für die argentinische Gesellschaft nur eine kleine Rolle, die Zeitungen beschränkten sich auf kürzere Nachrichten, und nur manchmal war in Fernsehdiskussionen davon die Rede. In jenen Jahren beschäftigte ich mich zwar schon mit Politik, hatte aber genauso wie meine Altersgenossen anderes im Kopf und wollte lieber meine Freunde treffen, gebrauchte Bücher ergattern oder Sport treiben. Es war Esther, die oben erwähnte Laborleiterin, die mir von den Rosenbergs und dem McCarthyismus in den Vereinigten Staaten erzählte. Dieser großartigen Frau verdanke ich viel. Sie war Kommunistin und Atheistin durch und durch, zollte dem Glauben aber Respekt und griff ihn trotz ihrer gegenteiligen Überzeugung nie an, nicht einmal privat im Gespräch mit ihren Freundinnen. Von ihr habe ich viel über Politik gelernt: Sie gab mir die Zeitschriften der Kommunistischen Partei zu lesen, *Nuestra Palabra* und *Propósitos*. Besonders begeistert war ich von den Artikeln des argentinischen Schriftstellers und Regisseurs Leónidas Barletta, einer Ikone der unabhängigen Linken. Dennoch habe ich die kommunistische Ideologie nie übernommen. Die Lektüre half mir aber, Esthers Welt besser zu verstehen, und erweiterte meinen Intellekt.

Nach meiner Wahl zum Papst hieß es von verschiedenen Seiten, ich spräche so viel über die Armen, weil auch ich ein Kommunist oder Marxist sei. Selbst ein mit mir befreundeter Kardinal erzählte mir einmal, eine sehr gläubige Katholikin habe ihm anvertraut, ich sei der Antichrist. Und warum? Weil ich keine roten Schuhe trage! Doch wer über die Armen spricht, ist nicht automatisch Kommunist. Die Armen stehen im Zentrum des Evangeliums und liegen Jesus besonders am Herzen! Armut hat keine Ideologie, auch die Kirche nicht, und kann sie gar nicht haben, ist sie doch, wie ich häufig genug sage, kein Parlament! Sie lässt sich nicht auf linke und rechte Strömungen reduzieren. Nehmen wir uns an der Apostelgeschichte 4,32 ein Beispiel, in der es heißt: »Die Menge derer, die gläubig geworden waren, war ein Herz und eine Seele. Keiner nannte etwas von dem, was er hatte, sein Eigentum, sondern sie hatten alles gemeinsam.« In den christlichen Urgemeinden gab es kein Privateigentum. Das ist kein Kommunismus, sondern Christentum in reinster Form!

Zurück zu Esther, die mir sagte, dass man Scharfblick und Weisheit brauche, um zu unterscheiden und zu verstehen, warum von einer *kommunistischen Gefahr* für die amerikanische Demokratie gesprochen wurde. Wurde das kommunistische Gespenst nur instrumentalisiert? Oder drohte tatsächlich der Verrat von Staatsgeheimnissen? Diese Fragen stellten sich damals viele.

Jahre später stellte sich Esther einem schwierigen Kampf, als sie gemeinsam mit zwei anderen Frauen die Vereinigung der *Madres de Plaza de Mayo*, in der sich die verzweifelten Mütter der *desaparecidos*, der Verschwundenen, zusammenfanden. Die Gruppe traf sich im Barrio San Cristóbal in der Pfarrgemeinde Santa Cruz, wo meine Freundin heute begraben liegt. Aber davon möchte ich später erzählen.

Esther war zwar eine liebe Freundin, machte mir aber auch das Leben schwer! Wenn es um die Arbeit ging, war sie sehr penibel, und wenn ich ihr Ergebnisse der Analysen nach kürzerer Zeit überbrachte, wurde sie misstrauisch und verlangte von mir, sie zu überprüfen. Wenn ich einen Test ausgelassen hatte, den ich für überflüssig hielt, ermahnte sie mich, ihn nachzuholen: »Jorge, man muss die Sachen achtsam und ordentlich machen!« Mit Strenge bestand sie darauf, dass wir alle gewissenhaft und akribisch arbeiteten.

Eigentlich war ich gründliche Arbeit gewohnt, bevor ich ins Labor kam, denn ich hatte den ganzen Sommer 1956 in der nahen Färberei geputzt, in der Papa Buchhalter war, und später auch kleinere Büroarbeiten erledigt. Damals verbrachte ich viel Zeit in der Calle Quintino Bocayuva, im Hause von Maria und Francesco, meinen Großeltern mütterlicherseits. Dort habe ich wertvolle Erfahrungen gesammelt, vor allem, wenn Don Enrico Pozzoli, wie so oft, zum Mittagessen zu Gast war.

Generell waren die 1950er-Jahre die wichtigsten meines Lebens. In diesem Jahrzehnt lernte ich das Arbeitsleben kennen, die Liebe, ich entging nur knapp dem Tod und spürte die Berufung, Priester zu werden. Sie erreichte mich völlig unerwartet an einem seltsamen Frühlingsanfang.

Die mit Studium und Unterricht ausgefüllten Wintermonate sind schnell verflogen. Auf der Südhalbkugel beginnt das Frühjahr am 21. September, und Buenos Aires begrüßt die schöne Jahreszeit in Feierlaune. Wie jedes Jahr versammeln sich die Schüler und Studenten auch 1953 an diesem Tag zur *Fiesta Nacional de los Estudiantes*. Schon früh am Morgen, vor acht Uhr, will Jorge eilig das Haus verlassen. Er hat den von seiner Mutter frisch gebügelten Anzug angezogen, denn heute ist ein besonderer Tag. Am Bahnhof des Barrio Flores wird er sich mit Freunden treffen, andere werden sich anschließen, um außerhalb der Stadt ein Picknick zu veranstalten und zu feiern. Jorges Vater hat sich schon verabschiedet, denn er bringt María Elena, das Nesthäkchen, zum Kindergarten. Bevor er das Haus verlässt, hat er wie immer das Radio eingeschaltet. Seit der Einführung des Fernsehens in Argentinien hat die Qualität der Radioprogramme etwas nachgelassen. Die bekannten Nachrichtensprecher sind zum Fernsehen gewechselt, aber im Hause Bergoglio hält man am Radio fest, nicht nur weil Mario die klassische Musik liebt, die jeden Morgen gesendet wird, sondern vor allem, weil er sich diese neuen Geräte nicht leisten kann, die seit zwei Jahren auf dem Markt sind.

Ein paar Wochen vor diesem festlichen Montag haben neue und alte Medien im Juli über das Ende des Koreakriegs und am 7. September 1953 über die Wahl Nikita Chruschtschows zum Generalsekretär der KPdSU berichtet. Nach den Jahren des Stalinismus wird diese Wahl von vielen als ein Zeichen für das bevorstehende Ende des Kalten Krieges begrüßt. Andere dagegen sehen darin nur ein Zwischenspiel und sind davon überzeugt, dass die Teilung der Welt in zwei Machtblöcke nur langsam überwunden werden kann.

Jorge, der sich von Esther beeinflusst für Politik interessiert, verfolgt das Weltgeschehen aufmerksam, um dann mit ihr zu diskutieren und ihre Meinung zu hören. Er versucht, so gut wie möglich informiert zu sein und den Lauf der Geschichte zu verstehen. Auch mit seinen Freunden, von denen einige mit ihm im Labor arbeiten, spricht er über politische Themen. Wenn er sich abends mit ihnen trifft, um zu Tangomusik oder Rock 'n' Roll zu tanzen oder Billard zu spielen, wird am Rande auch über Kommunismus, Peronismus und den amerikanischen Kapitalismus diskutiert. Der Kalte Krieg und seine Auswirkungen auf die Weltwirtschaft stehen in diesen Jahren im Mittelpunkt ihrer Gespräche.

Darüber hinaus hat Jorge natürlich auch andere Interessen. Seine Briefmarkensammlung hat mittlerweile einen beträchtlichen Umfang erreicht, er engagiert sich in der Laienbewegung Acción Católica der Gemeinde, hört im Radio gern Opern und verfolgt die Sportnachrichten, vor allem die über seinen Lieblingsverein San Lorenzo de Almagro. Er und sein Vater sind echte Fans! An diesem ersten Frühlingstag fehlt ihm aber die Zeit, um Nachrichten zu hören, denn Jorge wird von seinen Freunden am Bahnhof erwartet.

Wer Zeitung las und die Nachrichten verfolgte, erkannte deutlich, dass mit der Wahl des neuen Generalsekretärs der Kommunistischen Partei der Sowjetunion eine Phase des Tauwetters in den Beziehungen zwischen den USA und der UdSSR eingesetzt hatte. Gleichzeitig aber begannen Jahre des Wettbewerbs technologischen und industriellen Fortschritts und die Eroberung des Weltraums. Während in den Vereinigten Staaten mit dem Republikaner Dwight D. Eisenhower ein neuer Präsident sein Amt antrat, brach auch in der Sowjetunion nach der brutalen Diktatur Stalins mit Chruschtschow eine neue, friedlichere Phase an. Die beiden Machtblöcke hatten gelernt, zu koexistieren und einen neuen Krieg zu vermeiden. Sie beharrten auf ihren Positionen, akzeptierten aber einander stillschweigend und waren überzeugt, dass sich die Dinge zu ihren Gunsten entwickeln würden. Das Wichtigste in dieser Phase bis zur Kubakrise 1962 war die Erkenntnis, dass der Einsatz von Atomwaffen keinen Konflikt lösen würde. Heute dagegen sind die Menschen wieder so kurzsichtig, dass Klima des Kalten Krieges aufleben zu lassen. Vergessen scheint, dass die Welt jahrzehntelang mit angehaltenem Atem am Rande einer verheerenden Krise lebte, der wir nur um ein Haar entkommen sind! Dennoch wird auch heute wieder mit dem Einsatz von Atombomben gedroht, um die Welt in Angst und Schrecken zu versetzen.

In diesem Zusammenhang sollten wir uns an die mahnenden Worte von Papst Johannes XXIII. erinnern: »Wenn es auch kaum glaublich ist, dass es Menschen gibt, die es wagen möchten, die Verantwortung für die Vernichtung und das Leid auf sich zu nehmen, die ein Krieg im Gefolge hat, so kann man doch nicht leugnen, dass unversehens und unerwartet ein Kriegsbrand entstehen kann.«[VI] Wir dürfen nie vergessen, dass wir durch den Einsatz von Atomwaffen alle zu Verlierern werden, ausnahmslos alle!

Zurück zum 21. September 1953: Ich hatte in Eile das Haus verlassen, weil ich am Bahnhof meine Freunde treffen und zur *Fiesta de los Estudiantes* gehen wollte. Als ich an der Basilika San José de Flores vorbeikam, die ich seit meiner Kindheit besuchte, verspürte ich plötzlich das Bedürfnis einzutreten und den Herrn zu grüßen. Als ich mich für ein kurzes Gebet niederkniete, kam in mir der Wunsch auf, zu beichten. Normalerweise legte ich die Beichte in der Basilika María Auxiliadora im Barrio Almagro ab, denn die dortigen Patres würde ich auch heute noch als die »Titanen« des Beichtstuhls bezeichnen. Pater Scandroglio, vor dem ich immer etwas Angst hatte, Pater Montaldo und Pater Punto besaßen nämlich die außerordentliche Fähigkeit, genau zuzuhören und im wahrsten Sinn des Wortes Barmherzigkeit zu üben. In San José Flores dagegen war an diesem Tag Pater Carlos Duarte Ibarraaus Corrientes der Beichtvater, den ich noch nie zuvor gesehen hatte. Er war, wie er mir sagte, nur zufällig in Buenos Aires, weil er seine schwere Leukämieerkrankung behandeln lassen musste, an der er ein Jahr später leider auch starb.

Während dieser Beichte geschah etwas Merkwürdiges, etwas, das mein Leben radikal verändert hat: Ich erlebte das Staunen, das eine plötzliche Begegnung mit Gott in mir auslöste. Er war da und hatte mich schon erwartet. Während der Beichte vor diesem Priester fühlte ich mich von der Barmherzigkeit des Herrn ergriffen. »Miserando atque eligendo«, aus Barmherzigkeit erwählt, heißt es in der 21. Homilie des angelsächsischen Mönchs Beda Venerabilis, in der er von der Bekehrung des Zöllners Matthäus erzählt: »Wie der Herr ihn berief, wie er ihn wählte, damit er ihm folge.«[VII] Diese Meditation wird gerade für die Lesehore am Gedenktag des heiligen Matthäus am 21. September vorgeschlagen. Nicht umsonst ist dieser Satz zu meinem Wahlspruch als Bischof geworden und steht auch in meinem Papstwappen. Gott kommt uns immer zuvor: Wenn wir sündigen, erwartet er uns, um uns zu vergeben, uns aufzunehmen und uns seine Liebe zu schenken. Auf diese Weise wächst der Glaube immer weiter. Ich kann von mir sagen, dass ich »zu Boden stürzte«, wie es in der Apostelgeschichte über Saulus heißt, als der Herr sich ihm offenbarte.

An ein Picknick mit Freunden war nicht mehr zu denken. Stattdessen erlebte ich einen unaussprechlich schönen Moment in meinem Leben, in dem ich mich ganz in die Hand Gottes geben konnte! Ich war völlig überwältigt und verspürte das Bedürfnis, schnell wieder heimzurennen, um mich in die Stille zurückzuziehen. Dort blieb ich lange.

Ganz bewusst habe ich meiner Familie gegenüber zwei Jahre lang kein Wort über meine priesterliche Berufung erzählt, bis ich 1955 mein Diplom in der Tasche hatte und entscheiden musste, welches Fach ich studieren wollte. Der Einzige, der darüber Bescheid wusste, war Pater Duarte, der mich bis zu seinem Tod auf meinem Glaubensweg begleitete. Anfangs sprach ich nicht einmal mit meinen engsten Schulkameraden darüber. Wir waren zu zehnt, nannten uns aus Spaß die zehn *muchachos* und trafen uns in einem Club des Barrio Chacarita, wo wir Billard spielten, über politische Fragen diskutierten und Tango tanzten. Ich liebte besonders das Orchester von Juan D'Arienzo und den Sänger Julio Sosa und die Sängerin Ada Falcón, die nach verschiedenen gescheiterten Beziehungen den Schleier nahm und in einem Dorf der Provinz Córdoba lebte.

Als ich mit meinem Vater über meinen Berufswunsch sprechen musste, nahm ich all meinen Mut zusammen und gestand es ihm, aber er hatte gar nichts dagegen. Von meiner Mutter dagegen wusste ich, dass sie nicht damit einverstanden sein würde, und deshalb täuschte ich ihr gegenüber vor, Medizin zu studieren. Als sie jedoch eines Tages auf meinem Schreibtisch Bücher über Theologie und Philosophie liegen sah und mich wegen meiner Lüge tadelte, erwiderte ich lächelnd: »Aber ich studiere doch Medizin, Mama, und zwar die für die Seele!« Mama nahm meine Antwort nicht gut auf, und Papa brauchte eine Weile, um sie zu beruhigen. Danach kam sie zu mir. »Ich weiß nicht, Jorge«, sagte sie, »aber das passt nicht zu dir. Sei vernünftig, mach erst die Universität fertig und entscheide dann ...« Natürlich träumte sie für ihren Erstgeborenen von einer Zukunft als Arzt!

Oma Rosa dagegen war glücklich über meine Entscheidung. Ihre liebevollen Worte habe ich noch heute im Ohr: »Denk daran, Jorge, dass dir unsere Tür immer offensteht. Niemand wird dir einen Vorwurf machen, wenn du dich eines Tages entscheidest, wieder nach Hause zurückzukehren. Doch wenn Gott dich ruft, dann geh und sei gesegnet!«

Auch dank der Fürsprache von Don Enrico Pozzoli, der an ihrem zwanzigsten Hochzeitstag lange mit meinen Eltern sprach, konnte ich mit neunzehn Jahren meine Entscheidung treffen und, begleitet von diesem hilfreichen Salesianer, ins Erzbischöfliche Seminar Villa Devoto einziehen. Dort wurde mir die Aufgabe übertragen, die jüngeren Seminaristen zu betreuen, unter ihnen den zwölfjährigen Leonardo Sandri, den Sohn von Einwanderern aus Trient, dem ich später als Kardinal im Vatikan wiederbegegnet bin.

Im ersten Seminarjahr erlebte ich eine kurze Krise, aber das ist normal, sonst wären wir keine Menschen. Ich hatte schon einmal eine Freundin, ein sehr süßes Mädchen, das in der Filmbranche arbeitete, später heiratete und Kinder bekam. Dieses Mal aber verliebte ich mich auf der Hochzeit einer meiner Tanten in ein Mädchen, dessen Schönheit und Intelligenz mir den Kopf verdrehten. Eine Woche lang ging mir ihr Bild nicht aus dem Kopf, und es fiel mir schwer zu beten. Doch dann habe ich es überwunden und gab mich mit Leib und Seele meiner Berufung hin.

Bis zur nächsten Prüfung. Im August 1957 wollten meine Großeltern ihren fünfzigsten Hochzeitstag feiern, aber eine Woche zuvor brach im Seminar eine Grippewelle aus. Auch ich steckte mich an, doch während die anderen wieder genasen, musste ich weiter das Bett hüten, weil das Fieber nicht sinken wollte. Einige Tage später ging es mir sogar noch schlechter, meine Körpertemperatur stieg so bedrohlich an, dass der Direktor mich ins Krankenhaus Sírio-Libanês bringen ließ. Dort wurde eine schwere Lungenentzündung diagnostiziert, und noch am selben Tag musste mir ein Liter Flüssigkeit aus der Lunge abgesaugt werden. Mich pflegte eine italienische Krankenschwester, der ich mein Leben verdanke: Schwester Cornelia Caraglio vom Orden der Dominikanerinnen. Sie hatte nämlich gemerkt, dass die Penicillin-Dosis, die mir die Ärzte verschrieben hatten, zu niedrig war, und verabreichte mir die für meinen Zustand richtige Menge, wodurch sie mir das Leben rettete. Außerdem kamen täglich Kommilitonen, die meine Blutgruppe hatten, um mir Blut zu spenden. Ich war von Schutzengeln umgeben!

Der Krankenhausaufenthalt dauerte sehr lang, ich hatte viel Zeit zum Nachdenken. Ich dachte darüber nach, was mit mir geschehen könnte, betete zur Muttergottes und bereitete mich in gewisser Weise auf den Tod vor: Er könnte plötzlich kommen, er war nicht auszuschließen. Wenn meine Mutter zu Besuch kam, brach sie in Tränen aus, andere versuchten, mich zu trösten. Im November wurde mir dann der obere rechte Lungenlappen entfernt, weil sich in ihm drei Zysten gebildet hatten. Zur damaligen Zeit war das ein sehr schwerer Eingriff, der eine große Narbe hinterließ und mir viel Schmerzen bereitete.

Als ich endlich wieder gesund war, beschloss ich, das Erzbischöfliche Seminar zu verlassen und der Gesellschaft Jesu beizutreten. Die Berufung zur Mission und die strenge Disziplin der Jesuiten faszinierten mich. Für März gab es einen Platz im Seminar, aber es war erst November und Sommeranfang. Glücklicherweise ermöglichte mir Don Enrico Pozzoli einen einmonatigen Erholungsaufenthalt in der Villa Don Bosco in den Bergen von Tandil mitten im Grünen und unter jungen Geistlichen. Don Pozzoli versuchte nie, mich für seine Gemeinschaft zu gewinnen, er warb nicht um Mitglieder, sondern respektierte meine Entscheidung.

So trat ich am 11. März 1958 in den Jesuitenorden ein. Es folgten lange Jahre des Studiums, zunächst in Argentinien und in einer Mission in Chile, dann unterrichtete ich am Colegio de la Inmaculada Concepción in Santa Fe und am Colegio del Salvador in Buenos Aires. Das war Mitte der 1960er-Jahre, und ich war dort als *maestrillo*, »Meisterchen«, also so etwas wie ein Lehrling, und aufgrund meines Alters von nicht einmal dreißig Jahren gaben mir die Schüler den Spitznamen *carucha*, »Babygesicht«. Die Jungs waren wirklich kreativ!

An diesen Schulen unterrichtete ich wissenshungrige und oft etwas rebellische Schüler in Literatur und Psychologie. Einmal schlug einer meiner Schüler namens Roberto während eines Fußballspiels einen kleineren Jungen. Es war eine ernste Sache, aber anstatt ihn sofort zu bestrafen, dachte ich mir eine andere Lektion aus: Ich rief ihn an einem bestimmten Tag und zu einer bestimmten Zeit zum Unterricht, und als er auftauchte, fand er zehn seiner Klassenkameraden vor, die mit mir zusammen im Kreis saßen. Ich bat jeden von ihnen darzulegen, was passiert war und was der Grund für diese außergewöhnliche Zusammenkunft war. Einige seiner Mitschüler trösteten ihn, andere gaben ihm Ratschläge, wieder andere lachten darüber: Ich tat so, als würde ich es nicht mitkriegen. Dann entschied diese »Schülerkommission« über die Strafe: eine sofortige Entschuldigung an den geohrfeigten Jungen und eine zweiwöchige Sportsperre. Meine Entscheidung hatte eine doppelte Bedeutung: Einerseits waren es die Schüler selbst und nicht die Lehrer, die unangemessenes Verhalten sanktionierten; andererseits lernten sie so die Bedeutung des Wortes »Gemeinschaft« kennen.

Ich erinnere mich auch, ebenfalls am Kolleg in Santa Fe, an einen weiteren Schüler, Jorge Milia, der Anwalt wurde und heute außerdem Schriftsteller und Journalist ist. Weil er eine seine Aufgaben im Fach Literatur nicht fristgerecht eingereicht hatte, wurde ihm eine Nachprüfung auferlegt. Vor einer Kommission, die aus mir und zwei anderen Brüdern bestand, legte er eine hervorragende Prüfung ab! Er hätte die volle Zehn verdient, aber auf meinen Vorschlag hin beschlossen wir, ihm eine Neun zu geben. Ich sagte ihm: »Die Prüfung ist Zehn, aber du bekommst eine Neun, damit du deine Jahre an diesem Kolleg nicht vergisst.« Und ich glaube, der arme Jorge erinnert sich noch heute daran! Wir stehen immer noch miteinander in Kontakt: Er lebt auf Mallorca und ab und zu besucht er mich im Vatikan.

Unter den jungen Leuten, die sich auf den Weg zur Universität machten, herrschte große Begeisterung: Es waren die Jahre, in denen das Phänomen der Beatles, einer Rockgruppe, die ich damals noch nicht kannte, von Europa aus auch in unsere Breitengrade schwappte. Es war 1965, und eines Tages klopfte eine kleine Gruppe von Schülern an meine Tür, die eine Band gründen wollten, um den Musikern aus Liverpool nachzueifern. Doch hätten sie weder den Platz noch die Mittel dazu. Sie zeigten mir eine Platte mit einem Foto der vier Bandmitglieder, und als ich ihre langen Haare sah, scherzte ich: »Wollt ihr auch so langhaarig werden?« Dann schlossen wir einen Pakt: Sie würden hart arbeiten, und ich würde sie unterstützen. Mit einigem Aufwand besorgte ich ihnen einen wöchentlichen Proberaum, die Audioausrüstung (Mikrofone und Lautsprecher), die der Rektor der Hochschule normalerweise benutzte, und einen Übersetzer, einen unserer Studenten, der sich die Beatles-Platten anhörte und die Texte ins Spanische übersetzte. Ich ermutigte sie, vor ihren Mitschülern aufzutreten, auch wenn dies nicht gerade ein Glücksfall war, da die Verstärkeranlage nicht funktionierte! Nach den Prüfungen im fünften Jahr ging leider jeder von ihnen seinen eigenen Weg zur Universität und die Band löste sich auf, aber es war eine wundervolle Erfahrung und vor allem eine weitere Gelegenheit, Gemeinschaft zu stiften!

Ich muss sagen, dass alles sehr aufmerksame Schüler waren, vor allem die in den letzten beiden Schuljahren. In den Kursen zur Geschichte der spanischen und argentinischen Literatur versuchte ich, sie zum kreativen Schreiben zu ermutigen, und erklärte ihnen, dass es notwendig sei, zwischen dem zu unterscheiden, was die Schulbücher sagten, und dem, was die Autoren sagten. Aus diesem Grund organisierte ich auch mehrere Treffen mit einigen Schriftstellern: María Esther Vázquez besuchte uns, die im Radio eine Literatursendung moderierte und mit Jorge Luis Borges zusammen einige Bücher geschrieben hatte. Einige Zeit später empfingen wir Borges selbst – eine Reihe denkwürdiger Treffen. Ich habe auch María Esther de Miguel eingeladen, die damals junge Autorin des argentinischen Bestsellers *Los que comimos a Solís*, die alle mit ihren Worten – und auch mit ihrer Schönheit – sehr beeindruckte!

Für die Schüler waren das wichtige und prägende Erfahrungen, genauso wie für mich, als ich mich 1969 Schritt für Schritt auf die Priesterweihe vorbereitete.

V.

DIE MONDLANDUNG

Trotz der späten Stunde ist das Colegio Máximo de San José hell erleuchtet. Der riesige, in den 1930er-Jahren errichtete Backsteinbau des Jesuitenkollegs von San Miguel liegt mitten in einer sechsunddreißig Hektar großen Grünanlage, fünfzig Kilometer nordwestlich vom Stadtzentrum von Buenos Aires entfernt. Die Seminaristen, die hier Philosophie und Theologie studieren, haben sich vor dem Fernseher versammelt, um ein besonderes Ereignis zu verfolgen.

An diesem Sonntagabend des 20. Juli 1969 kurz vor dreiundzwanzig Uhr ist es sehr kalt draußen, und nur wenige Menschen sind noch auf der Straße. Die Mehrheit sitzt vor dem Fernseher, die Wohlhabenden zu Hause gemütlich auf dem Sofa neben dem Ofen, die weniger Glücklichen bei Freunden oder in irgendeiner Bar, die noch geöffnet ist. Im bescheidenen Fernsehraum des Jesuitenkollegs stehen lediglich etwa vierzig Stühle, ein Kruzifix hängt an der weißen Wand, die grünen Vorhänge reichen bis zum Boden. In der Mitte des Raums thront erhöht auf einem Podest ein kleiner Fernseher. Die Stühle sind bis auf den letzten Platz besetzt, denn der Rektor hat den Studenten erlaubt, bis spät aufzubleiben und die Live-Übertragung der

Mondlandung im Fernsehen zu verfolgen. Die Heizung ist allerdings wie gewöhnlich um diese Zeit längst ausgestellt.

Auch der junge Jorge verfolgt das Ereignis. Die Redaktion der populären Nachrichtensendung *Telenoche* von Canal 13 schickte die Moderatorin Mónica Cahen D'Anvers zum Weltraumbahnhof der NASA in Cape Canaveral in den USA, von wo aus eine Saturn-V-Rakete mit den Astronauten Neil Armstrong, Buzz Aldrin und Michael Collins startete. Die Apollo-11-Mission ist ein historisches Ereignis für die ganze Welt, besonders jedoch für Argentinien, weil das Land über die fast zwei Millionen Fernsehgeräte in Argentinien zum ersten Mal eine Live-Übertragung erlebt. Erst vor Kurzem wurde in der Kleinstadt Balcare, die südwestlich von Buenos Aires mitten im Grünen liegt, eine Satellitenempfangsstation installiert.

Die Zeiger der Uhr stehen bereits auf zehn Minuten vor Mitternacht, doch egal, ob groß oder klein, heute sind alle wach und erwarten gespannt den historischen Moment, von dem man später sagen kann: »Ich habe ihn miterlebt.« Der zweiunddreißigjährige Jorge Bergoglio wäre um diese Zeit lieber in seinem Zimmer geblieben, um früh zu Bett zu gehen, denn in nicht einmal fünf Monaten steht seine Priesterweihe an. Seine Abende verbringt er lieber betend und in stiller Einkehr, um sich auf dieses große Ereignis in seinem Leben vorzubereiten. Erst vor einigen Tage hat er in tiefer spiritueller Versenkung sein persönliches Glaubensbekenntnis verfasst. Außerdem sind noch viele Briefe zu beantworten, darunter einige von einem seiner früheren Schüler aus dem Kolleg von Santa Fe. Und auf seinem Schreibtisch liegen unbearbeitete Notizen, auf dem Nachttisch warten die Gedichte von Friedrich Hölderlin. Im Übrigen steht er morgens immer gerne früh auf.

Doch den Moment, in dem der erste Mensch einen Fuß auf den Mond setzt, darf man nicht versäumen. Nicht umsonst haben an diesem Morgen die Zeitungen des Landes die Mondlandung in großen Lettern angekündigt. Im Fernsehraum des Kollegs ist es mucksmäuschenstill, selbst die, die sonst nie den Mund halten können, wagen nicht zu sprechen. Alle lauschen gespannt den Worten der Korrespondentin aus den USA und des Studiosprechers aus Buenos Aires.

Es war eine unvergessliche Nacht! Alle zusammen saßen wir im Fernsehraum vor dem Bildschirm, um das Geschehen zu verfolgen, das von so weit her übertragen wurde. Dieses Ereignis durften wir uns schon allein deshalb nicht entgehen lassen, weil wir überhaupt einen Fernseher im Kolleg hatten, was damals noch Luxus war. Obwohl die Übertragung in Schwarz-Weiß war, war die Bildqualität recht gut. Es war beeindruckend, die ersten Schritte von Neil Armstrong im Mondstaub zu sehen und den argentinischen Kommentatoren zu folgen, die die Worte des amerikanischen Sprechers des Senders CBS, der die Live-Übertragung ausstrahlte, ins Spanische übersetzten. So hörten wir auch den berühmten Satz Neil Armstrongs, der in die Geschichte eingegangen ist: »One small step for a man, one giant leap for mankind.« »Un pequeño paso para el hombre, un gran pasa para la humanidad.« »Ein kleiner Schritt für einen Menschen, aber *ein großer Schritt für die Menschheit.*« Ein überwältigender Augenblick!

Einige meiner Kommilitonen hatten den Fernseher schon um drei Uhr nachmittags eingeschaltet, als die Übertragung begann. Die Sendung zog sich vom Nachmittag bis tief in die Nacht, denn Armstrong setzte seinen Fuß ja erst sechs Stunden nach der Landung auf die Mondoberfläche, als es in Argentinien schon fast Mitternacht war und alle mit angehaltenem Atem auf diesen Schritt warteten. Ich dagegen hatte an diesem Tag viel zu tun, daher ging ich erst gegen 23 Uhr in den Fernsehraum, als die Landung schon eine Weile her war. In dem Augenblick, als der Astronaut den Mond betrat und kurz darauf mit seinem Kollegen Aldrin die amerikanische Flagge in den Mondboden setzte, starrten wir wie gebannt auf den Bildschirm und kontrollierten kurz darauf die Uhrzeit, um uns für immer an diesen unglaublichen Moment zu erinnern.

In Argentinien hatte es in den Tagen zuvor heftige Kritik gegeben, weil ein Satellitendefekt die Übertragung des Raketenstarts am 16. Juli zu Beginn der Apollo-11-Mission verhindert hatte. Deshalb waren am Abend der Mondlandung alle besonders aufgeregt, befürchteten aber auch, dass auf dem Höhepunkt der Empfang ausfallen könnte.

Wie überall gab es auch im Kolleg solche, die schon während der Sendung lästerten und höhnten: »Traut denen doch nicht, das sind alles Lügen, die Aufnahmen sind nur gestellt!« Und schon ging es um die Frage, was der technologische Fortschritt tatsächlich erreichen könne oder nicht. Glücklicherweise schritt einer der Oberen ein und beendete die Diskussion, denn der Augenblick war zu bedeutsam, um auf diese Weise ruiniert zu werden. Aber ich glaube, an diesem Abend haben alle verstanden, dass die Welt sich verändern würde.

Der Fortschritt ist wichtig und sollte voranschreiten, aber er muss auch im Einklang mit der Fähigkeit des Menschen stehen, ihn zu steuern. Wenn dies nicht der Fall ist, kann er sich in eine unmenschliche Richtung entwickeln, die sich nicht mehr kontrollieren lässt. Diese Gefahr bestand damals und besteht auch heute, beispielsweise bei KI, die eine immer größere Rolle in unserem Leben spielt und eine große Gefahr darstellt, wenn sie falsch oder gar in krimineller Absicht eingesetzt wird. Denken wir an Fake News, die größtenteils auf mit diesen technologischen Mitteln künstlich erzeugten »Fakten« basieren. Diese Tatsache erfordert neue Überlegungen und neue Fragestellungen: Es geht um einen ethischen Zugang; nicht umsonst habe ich in diesem Zusammenhang die *Algor-Ethik*[VIII] als neues Studienfach gefordert, um die Prozesse der Interaktion zwischen Mensch und Maschine zu erforschen und um sicherzustellen, dass sie in einem ethisch vertretbaren und respektvollen Rahmen ablaufen.

Im Erstaunen über die Bilder des Menschen auf dem Mond fühlten wir uns klein und unbedeutend. Auch wenn wir an den Weltraum denken, geht es uns so, denn wir sind nur ein kleiner Tropfen im Meer der Unendlichkeit. Sollten wir eines Tages noch andere Lebensformen da draußen entdecken, dann nur, weil Gott es so wollte! Die Existenz und Erkennbarkeit des Universums sind nicht aus Chaos oder aus Zufall entstanden, sondern aus der Weisheit Gottes, der uns, wie es in der Bibel (Sprüche 8,22) heißt, »im Anfang seiner Wege, vor seinen Werken in der Urzeit« geschaffen hat.

Wir müssen immer weiter nach der Wahrheit suchen, in Demut alle wissenschaftlichen Entdeckungen akzeptieren und die Fehler der Vergangenheit vermeiden. Auf dem Weg an die Grenzen der menschlichen Erkenntnisfähigkeit kann man wahrhaft dem Herrn begegnen, der unser Herz ganz erfüllt.

Wir müssen uns an den Prinzipien der Soziallehre der Kirche orientieren: Gerechtigkeit, Menschenwürde, Subsidiarität und Solidarität.[IX] Wenn neue technologische und wissenschaftliche Entdeckungen dagegen für andere als diese Zwecke eingesetzt werden, bringen sie Unheil, wenn sie zum Beispiel dem Krieg dienen oder der künstlichen Herstellung und späteren Vernichtung von Embryonen oder auch der Leihmutterschaft, einer sich immer weiterverbreitenden Praxis, die die Würde von Mann und Frau verletzt und Kinder als Ware missbraucht.

In allen diesen Fällen ist es unsere Aufgabe, das menschliche Leben von der Empfängnis bis zum Tod zu verteidigen. Ich werde nicht müde, Abtreibung als verbrecherisch und mörderische Praxis zu verurteilen. Sie bedeutet nichts anderes als die Auslöschung unschuldigen menschlichen Lebens. Sie bedeutet das Scheitern derer, die sie praktizieren oder Beihilfe dazu leisten; sie sind gemeine Mörder! Bitte keine Abtreibungen mehr! Es ist wichtig, die Verurteilung dieser Praxis aus Gewissensgründen zu verteidigen. Wie aber können wir den Frauen helfen? Indem wir sie annehmen und uns ihnen zuwenden, damit sie nicht die drastische Entscheidung einer Abtreibung treffen müssen, die ihre Probleme sicher nicht löst. Man muss das Bewusstsein für die Heiligkeit des Lebens schärfen, denn wir haben es als Geschenk von Gott empfangen und dürfen es nicht einfach wegwerfen. Solange ich eine Stimme habe, werde ich das in die Welt hinausschreien, und ich tue es in meinen Reden und Predigten schon seit 1969, dem Jahr meiner Priesterweihe und der Landung des ersten Menschen auf dem Mond.

Nach der erfolgreichen Mondlandung spricht man auf der Welt von nichts anderem, in den USA wird gefeiert, und die Astronauten Armstrong, Aldrin und ihr Kollege Collins, der Pilot der Kommandokapsel, sind die neuen Helden. Kinder träumen davon, ihnen nachzueifern, Radio und Fernsehen bringen Sondersendungen und Hintergrundberichte, in denen verschiedene Aspekte, darunter auch Verschwörungstheorien, vertieft werden.

Nach der Landung auf dem Mond wartet die Welt nun auf die Rückkehr der Raumfahrer zur Erde, die sich ungefähr zweieinhalb Stunden außerhalb ihrer Landefähre auf dem Boden des Mondes aufgehalten haben. Jorge ist gespannt auf die Kommentare seiner Familie und ruft deshalb am nächsten Morgen seine Mutter und Großmutter an, um sich zu erkundigen, ob auch sie die Live-Übertragung verfolgt haben. Tatsächlich saßen auch sie vor dem Fernseher, sind immer noch überwältigt und können es noch gar nicht fassen.

Vielen Kommilitonen des jungen Bergoglio geht es ebenso, und es wird leidenschaftlich über das Unternehmen diskutiert. Der Rektor hängte den Text der Grußbotschaft ans Schwarze Brett, die Papst Paul VI. auf der Sternwarte von Castel Gandolfo verlesen hat. Der Papst hatte dort den Mond durch das Teleskop betrachtet und sich danach die Übertragung gemeinsam mit dem Direktor der Vatikanischen Sternwarte Pater

Daniel O'Connell angesehen. In seiner Botschaft sagte er: »Hier, von der Sternwarte von Castel Gandolfo in der Nähe von Rom aus, spricht Papst Paul VI. zu euch Astronauten. Ehre, Gruß und Segen gilt euch, Eroberer des Mondes, des bleichen Lichts unserer Nächte und unserer Träume! Tragt zu ihm die Stimme des menschlichen Geistes, das Loblied auf Gott, unseren Schöpfer und Vater. Wir sind euch mit unseren Wünschen und Gebeten nahe.«[x]

Während des Mittagessens im Refektorium werden die Worte des Papstes und die Fernsehbilder des Ereignisses besprochen. Man diskutiert nicht mehr über Sport, und auch theologische oder philosophische Fragen stehen nicht mehr auf der Tagesordnung. Einzig und allein der Wettlauf ins All, die amerikanische Mondlandung und die Reaktionen der Kirche und der Welt einschließlich der Sowjetunion spielen eine Rolle.

»Jorge, hättest du dich für die Mondlandung gemeldet?«, fragt im Scherz sein Tischnachbar Andrés, als er ihm den Teller mit Tortellini in Fleischbrühe weiterreicht.

»Oh nein, ich bin gerne hier. Du weißt doch, dass ich etwas Wichtiges vor mir habe in ein paar Monaten!«, antwortet der Angesprochene lächelnd.

»Endlich wird unser Jorge Priester! Aber wer weiß, wo sie dich hinschicken für das Terziat vor der ewigen Profess!«, fügt der gegenübersitzende Francisco hinzu.

»Das weiß allein der Herr! Lasst uns lieber über den Mond sprechen, das ist interessanter ...«, beendet Jorge das Gespräch und schenkt seinem Gesprächspartner Wasser ein.

Monatelang war von nichts anderem mehr die Rede. Meine Vorbereitung auf die Priesterweihe war natürlich begleitet von Gebeten vor dem Allerheiligsten, die ich als bedingungslose Hingabe in die Hände des Herrn erlebte, aber auch von der dauernden Auseinandersetzung und den Nachrichten über die neue Front, die die Amerikaner im Weltraum eröffneten.

Nach ihrer Rückkehr zur Erde mussten die drei Astronauten in Quarantäne, und ich erinnere mich, dass sie am Ende dieser Zeit, Mitte August, von Präsident Nixon geehrt und anschließend in New York, Chicago und Los Angeles mit Paraden gefeiert wurden. Mitte November wurden sie sogar im Vatikan von Papst Paul VI. empfangen. Die Worte des Papstes an diesem Tag berührten mich sehr. Er sagte, der Mensch habe einen natürlichen Drang, das Unbekannte zu erforschen und Geheimnisse zu ergründen, zugleich aber Angst davor. Mit ihrem Mut hätten die Astronauten, so führte er weiter aus, diese Angst überwunden, und durch ihr unerschrockenes Abenteuer habe der Mensch einen weiteren Schritt getan, um mehr über das Universum zu erfahren.[XI]

Ich muss gestehen, dass auch ich damals vielleicht unbewusst etwas Angst hatte, weil mich das große Ereignis der Priesterweihe erwartete und ich nicht wusste, was danach kommen würde. Das ist nur menschlich! Mit den Worten Papst Pauls VI. im Kopf habe ich viel über die Angst nachgedacht und darüber, dass Jesus seine Jünger stets ermahnte, ohne Furcht zu sein. Wenn wir an Gott glauben und unsere Brüder und Schwestern lieben, wird die Liebe triumphieren und die Furcht vertreiben, wie wir im 1. Johannesbrief lesen.

Sämtliche großen Religionen lehren nicht Angst oder Abgrenzung, sondern Eintracht, Einigkeit und Toleranz. Angst lähmt die menschlichen Beziehungen, sie untergräbt Vertrauen und nährt Misstrauen gegenüber dem Anderen, dem Unbekannten, Andersartigen und Fremden. Der ein oder andere wird vielleicht entgegnen: »Aber was kann ich denn dafür? Die Angst ist einfach stärker als ich!« Dann gilt es zu bitten, den Heiligen Geist zu empfangen, der die Seele von Angst befreit und das Herz öffnet. Er gibt uns die Kraft, auch schwierige Situationen zu meistern und dem Unbekannten entgegenzutreten. Es braucht nicht viel und tut gut, denn solange wir Sklavinnen und Sklaven unserer Ängste sind, hat uns die Angst im Griff und blockiert uns, in Erwartung, dass etwas Schlimmes passiert.

In tiefem Gebet dankte ich dem Herrn für das Geschenk, das ich erhalten sollte, und so kam der Tag meiner Priesterweihe am 13. Dezember 1969, vier Tage vor meinem 33. Geburtstag. An der Messe im Kolleg nahmen meine Geschwister und meine Mutter teil, die am Ende der Feier niederkniete, um meinen Segen zu erbitten. Auch Oma Rosa war anwesend und sah mich mit vor Freude und Liebe strahlenden Augen an. Papa war leider schon 1961 gestorben, nachdem er drei Herzinfarkte erlitten hatte; einen ersten, als er mit meinem Bruder Alberto im Stadion war, zwei weitere folgten in den Tagen danach. Auch Don Enrico Pozzoli fehlte, denn er war im selben Jahr wie Papa von uns gegangen. Für mich waren dies gleich zwei schwere Verluste in einem Jahr.

Oma dagegen war davon überzeugt gewesen, den Tag meiner Ordination nicht mehr zu erleben, und hatte schon zwei Jahre zuvor, 1967, einen sehr schönen Brief verfasst, halb auf Italienisch, halb auf Spanisch, der mir zusammen mit ihrem Geschenk, einem Kästchen mit den Utensilien für die Krankensalbung, am Tag der Weihe übergeben werden sollte. Stattdessen konnte sie meine Priesterweihe sehr wohl miterleben. Den kurzen Brief bewahre ich zusammen mit ihrem Testament und dem Gedicht *Rassa Nostrana* von Nino Costa bis heute sorgfältig in meinem Brevier auf, das ich jeden Morgen aufschlage.

Oma Rosa hatte geschrieben: »An diesem besonderen Tag, an dem Du unseren Erlöser in Deinen geweihten Händen hältst, eröffnet sich Dir ein langer Weg, auf dem Du Christus immer ergebener folgen wirst. Dazu überreiche ich Dir dies Geschenk von geringem materiellen, aber großem spirituellen Wert.«

Rosa starb fünf Jahre später, 1974, und hinterließ uns Enkeln folgende wunderbare Worte, die ich in schwierigen Augenblicken immer wieder lese, noch heute, da ich Papst bin: »Wenn eines Tages Schmerz, Krankheit oder der Verlust eines geliebten Menschen ihr Herz mit Trübsal erfüllen sollte, mögen sie sich stets daran erinnern, dass ein Stoßseufzer vor dem Allerheiligsten, das den Leib des größten und erhabensten Märtyrers trägt, und ein Blick auf Maria, zu Füßen des Kreuzes, Balsam auch für die tiefsten und schmerzhaftesten Wunden ist.«

Eine wahrhaft großartige Frau! Ihr Herz war wie das unzähliger alter Frauen und Männer für mich eine lebendige Quelle, die meinen Glaubensdurst stillte. Sie übermittelte die Lehre des Evangeliums durch ihre Zärtlichkeit, Fürsorge und Weisheit. Daraus erwächst der Glaube, er überträgt sich durch ein tröstliches Lied im Dialekt, im Herzen der Familie, in der Muttersprache. Großmütter und Großväter sind eine wertvolle Quelle, um die man sich sorgfältig kümmern muss, statt sie in Altersheime abzuschieben. Sie dürfen nicht als drückende Last empfunden werden, denn wir verdanken ihnen alles: Sie haben uns aufgezogen, sie haben uns Nahrung gegeben, die sie sich selbst vom Munde abgespart haben, und sie haben uns durch ihre Ermutigung und unermüdliche Unterstützung zu dem gemacht, was wir sind.

Andererseits kann es auch in den besten Familien vorkommen, dass Großeltern, wenn sie altersbedingt gebrechlich, krank oder weinerlich werden, im Pflegeheim untergebracht werden. Aber ich bin sicher, dass sie, selbst wenn sie dorthin »abgeschoben« und vergessen werden, weiterhin für ihre Kinder und Enkelkinder beten. Sie bleiben immer an unserer Seite, auch wenn sie nicht mehr da sind. Auch ich spüre in besonders schwierigen Momenten die Nähe meiner Großmutter. So wie ich sie in den schwierigsten Jahren Argentiniens, in den dunkelsten Jahren der Diktatur, gespürt habe.

VI.

DER MILITÄRPUTSCH UNTER GENERAL VIDELA

Eine Gruppe junger Priester in Hemdsärmeln ist seit über einer Stunde damit beschäftigt, große Kisten, Möbel, Karteikästen, Bücher und zahlreiche liturgische Gegenstände aus der Provinzialkurie der Jesuiten an ihren neuen Bestimmungsort zu schaffen. An diesem 24. März 1976 ist es noch sehr warm, der Herbst hat gerade erst begonnen. In den Straßen von San Miguel an der Peripherie von Buenos Aires geht das Leben seinen gewohnten Gang. Doch seit ungefähr einem Jahr herrscht auch hier eine bedrückende Stille, ein Klima von Verdächtigungen und drohender Gewalt hat Teile der Gesellschaft erfasst.

Paramilitärische, rechtsextreme Gruppen, die Vertretern der Regierung von »Isabelita« Perón nahestehen, verüben Terroranschläge und haben es auf Priester und Bischöfe abgesehen, die sich um die Armen kümmern und deshalb als Aufrührer gelten. Im Visier der Todesschwadronen stehen aber vor allem jene, die sich mehr oder weniger aktiv in der Kommunistischen Partei engagieren oder ihrer Ideologie nahestehen.

Der neununddreißigjährige Pater Bergoglio, der seit fast drei Jahren die argentinische Provinz der Gesellschaft Jesu leitet, trägt eine besonders schwere Kiste voller Dokumente. Mit seinen tüchtigen Helfern verlegt er das Provinzialat ins Colegio Máximo von San Miguel, wo er studiert und gelehrt hat und schließlich zum Rektor ernannt wurde. Die Entscheidung, das Hauptquartier der argentinischen Jesuiten hierher zu verlegen, soll der Sanierung der Finanzen und dem Zustrom neuer Priesterkandidaten dienen. Von Jahr zu Jahr steigt die Zahl der Novizen, und Bergoglio ist der Ansicht, dass auch er als Provinzial in engstem Austausch mit den Lehrenden und den künftigen Mitgliedern des Ordens stehen sollte.

Der kleine Kreis der Jesuiten, der mit dem Ausladen der Kisten aus dem Kleinlaster und ihrem Einräumen ins Kolleg beschäftigt ist, ahnt nicht, was genau in diesem Moment im Zentrum von Buenos Aires geschieht. Dass das Militär die Regierung Perón gestürzt und eine neoliberal ausgerichtete Junta die Macht übernommen hat. Der Anführer des Staatsstreichs, General Jorge Rafael Videla, wird kurze Zeit später zum Präsidenten ernannt, flankiert vom Chef der Marine, Admiral Emilio Massera, und dem der Luftwaffe, General Orlando Ramón Agosti. Chaos bricht aus, die Verfassung wird außer Kraft gesetzt, das Parlament aufgelöst und das Kriegsrecht verhängt. Radio- und Fernsehsender werden besetzt, und auf den Straßen fahren Panzer auf. Wer auch nur im Verdacht steht, ein linker Staatsfeind zu sein oder den peronistischen oder gewerkschaftlichen Kreisen nahezustehen, wird verhaftet und in geheime Foltergefängnisse der Militärs verschleppt. Überall in den Straßen patrouillieren deren berüchtigte grüne Autos vom Modell Ford Falcon.

In den Jahren der Militärdiktatur verschwinden zehntausende meist junge Menschen. Diese *desaparecidos* werden teilweise monatelang gefoltert. Bei den sogenannten *Todesflügen* wirft man sie lebend und manchmal unter Drogen stehend aus Militärhubschraubern oder -flugzeugen ins offene Meer. Viele sind gezwungen, das Land zu verlassen, und politische Gefangene werden hingerichtet: Es ist die Zeit des *guerra sporca*, Videlas »Schmutziger Krieg«.

Einige Militärpatrouillen erreichen an diesem heißen Frühherbsttag auch San Miguel und das Jesuitenkolleg. Pater Jorge ist keineswegs überrascht von ihrem Auftauchen, denn er weiß, dass die Priester unter Beobachtung stehen. Viele der *curas villeros*, der Priester, die in den Armenvierteln arbeiten, werden als Anhänger der kommunistischen Ideologie betrachtet und stellen deshalb eine Bedrohung für den »Prozess der Nationalen Reorganisation« dar. Den Soldaten kommen die vielen Kisten, die von dem Kleinlaster ins Kolleg geschafft werden, verdächtig vor und sie wollen sie genauer unter die Lupe nehmen.

Wir waren vollauf damit beschäftigt, von der Provinzialkurie ins Colegio Máximo umzuziehen, und hatten keine Ahnung, dass ausgerechnet in diesen Stunden das Militär die Regierung stürzen und damit das Gesicht Argentiniens verändern würde. Die Soldaten der Patrouille kamen auf uns zu, als sie die vielen Kisten sahen, und fingen an, uns Fragen zu stellen. Sie wollten wissen, was wir da taten, warum wir da waren und was in den Kisten war.

Vielleicht dachten sie anfangs, wir würden eine Flucht vorbereiten oder kompromittierendes Material verschwinden lassen wegen des Regierungswechsels. Wir aber wussten überhaupt nichts davon und machten einfach nur unsere Arbeit. Ich erklärte dem Anführer der Patrouille, dass ich der Provinzial der Jesuiten sei und einfach nur einen Umzug erledige. Nach einigen Minuten ließen sie sich überzeugen und zogen ab. Situationen wie diese waren schwierig und riskant, denn ich wusste sehr wohl, dass einige Kreise der Kirche mit Verfolgung zu rechnen hatten, während andere, sprich diejenigen, die sich dem Regime angeschlossen hatten, vollkommen freie Hand hatten.

Dieses Problem stand mir sehr klar vor Augen, als ich 1973 Monsignore Enrique Angelelli kennenlernte, den Bischof von La Rioja, das mehr als tausend Kilometer von der Hauptstadt entfernt liegt. Dort waren die Verfolgungen grausamer als bei uns. Dieser Mann widmete sein Leben den Armen und den von den Großgrundbesitzern ausgebeuteten *campesinos*. Er war deshalb ins Visier der Militärs geraten, weil er ganz im Sinne des Zweiten Vatikanischen Konzils an der Seite der Ausgebeuteten kämpfte und sich in ihren Dienst stellte.

Von verschiedener Seite wurde Monsignore Angelelli, ebenso wie Monsignore Óscar Romero, dem Erzbischof von San Salvador, der 1980 erschossen wurde, während er in einer Krankenhauskapelle eine Messe zelebrierte, vorgeworfen, die Bibel in marxistischem Sinne auszulegen und Anhänger der Befreiungstheologie zu sein, die sich an der politischen Ideologie der Linken orientierte. Das ist grundfalsch! Die Haltung dieser und anderer Priester in Lateinamerika und im globalen Süden stützte sich auf die Aussagen des Konzils, die die Kirche als Volk Gottes bezeichnet hat, eine Formulierung, die 1968 auch von der

Generalversammlung der lateinamerikanischen Bischöfe in Medellín bekräftigt wurde. Eine Kirche, die sich für die Fürsorge der Armen entscheidet und Geschichte und Kultur der Unterschichten aufwertet, folgt damit den Worten der Bibel aus christlicher Perspektive und nicht aus politischer Absicht.

Angelellis Arbeit mit den Armen galt als subversiv, weshalb er in den Fokus der Diktatur geriet, die automatisch jeden als Kommunisten verdächtigte, der sich mit den unteren Gesellschaftsschichten befasste. Der Bischof wusste, dass die Militärjunta ihn isolieren wollte, und als er 1975 erkannte, dass man ihm auf den Fersen war, bat er mich, drei seiner Seminaristen im Colegio Máximo zu verstecken. Unter dem Vorwand geistlicher Exerzitien behielt ich die drei lange in Sicherheit.

Angelelli, der auch den Apostolischen Nuntius in Argentinien, Pio Laghi, über die erhaltenen Morddrohungen informiert hatte, hingegen wurde am 4. August 1976 am Steuer seines Wagens ermordet, während sein Beifahrer, ein weiterer Priester, Arturo Pinto, sich retten konnte, weil man ihn für tot hielt. Das Auto wurde gerammt und einen Abhang hinuntergestoßen. Der Fall wurde noch am selben Tag als Unfall eingestuft und zu den Akten gelegt. Dass der damalige Erzbischof von Buenos Aires, Kardinal Juan Carlos Aramburu, diese Version des Geschehens anstandslos akzeptierte, hat mich sehr geschmerzt. Aber auch für die Kirche waren das schwere Zeiten! Die Auftraggeber des Mordes, zwei frühere Militärs, die mit dem Regime kollaboriert hatten, wurden erst im Juli 2014 ermittelt und zu einer lebenslangen Freiheitsstrafe verurteilt.

Die drei Seminaristen aus La Rioja halfen mir, im Laufe der Zeit noch etwa zwanzig anderen gefährdeten jungen Männern Zuflucht zu gewähren, die wir als Teilnehmer religiöser Kurse oder geistlicher Exerzitien tarnten. Dennoch blieben diese Jahre schrecklich und brachten viele schwer zu lösende Probleme mit sich. Weil ich davon ausging, die Geheimdienste würden mich überwachen, musste ich sie täuschen, wenn ich telefonierte oder Briefe schrieb. Den jungen Jesuiten des Kollegs verbot ich, nach Sonnenuntergang das Haus zu verlassen, auch durften sie nie allein ausgehen, sondern nur in Gruppen, denn dadurch wurde es schwieriger, sie geräuschlos verschwinden zu lassen. Außerdem verbot ich ihnen, im Refektorium oder während der Freizeit politische Diskussionen mit anderen Priestern zu führen, vor allem mit den Militärkaplanen. Nicht alle waren der Kirche treu, und einige von ihnen hätten auch im Kolleg sein können. Nicht umsonst kam es zu nächtlichen Durchsuchungen im Noviziat der Villa Barilari, doch wir kamen mit dem Schrecken davon.

In dieser Zeit wurde ein junger Mann zu mir gebracht, der aus Argentinien fliehen musste. Er sah mir ähnlich, und so ließ ich ihn als Priester verkleiden und gab ihm meinen Personalausweis. Damit ging ich ein großes Risiko ein, denn wenn man den Betrug entdeckt hätte, wäre er getötet worden, dann wären sie auch zu mir gekommen.

Ich erinnere mich auch an die beiden Religionslehrer Ana und Sergio, die mit ihrer kleinen Tochter unter der armen Bevölkerung lebten. Ich hatte sie kennengelernt, bevor ich Priester wurde, und besuchte sie noch immer regelmäßig. Obwohl sie sehr katholisch waren und mitnichten Kommunisten oder »Subversive«, wurden sie bei der Geheimpolizei verleumdet. Sergio wurde urplötzlich verhaftet und mehrere Tage lang gefoltert. Ich setzte alle Hebel in Bewegung, um ihn freizubekommen, und mit Hilfe des italienischen Konsuls Enrico Calamai gelang dies schließlich. Dieser großartige Mann hat unzählige Menschen gerettet.

Auch ich wurde mit Bezug auf die Jahre der Diktatur verleumdet, allerdings auf andere Weise: Man hat mir vorgeworfen, die beiden Jesuitenpater Orlando Yorio und Francisco (Franz) Jalics, die in einem Slum von Bajo Flores arbeiteten, an die Militärjunta ausgeliefert zu haben. Die Priester waren dabei, eine eigene Kongregation zu gründen, und als Provinzial musste ich sie im Namen des Ordensgenerals darauf aufmerksam machen, dass sie in diesem Fall den Jesuitenorden verlassen müssten. Ein Jahr später war es tatsächlich so weit.

Außerdem riet ich den beiden, sich zeitweise aus dem Slum zurückzuziehen, denn es gab Gerüchte, dass die Militärs plötzlich zuschlagen und sie verhaften wollten. Ich bot ihnen unser Kolleg als möglichen Zufluchtsort an, aber sie wollten bei den Armen bleiben und wurden im Mai 1976 verschleppt. Ich setzte alles daran, sie freizubekommen. Zweimal suchte ich Admiral Massera persönlich auf, da die beiden Mitbrüder angeblich von Marineangehörigen verhaftet wurden. Einmal gelang es mir sogar, mit General Videla zu sprechen, indem ich unter einem Vorwand an einem Samstagvormittag eine Messe in seinem Hause abhielt. Am nächsten Tag berichtete ich alles dem Ordensgeneral Pedro Arrupe in Rom und benutzte dazu eine öffentliche Telefonzelle in der Avenida Corrientes.

Die Straße ist am Sonntagvormittag besonders belebt. Trotz der Straßensperren und der ständig vorbeirasenden grünen Autos der Bundespolizei versuchen die Familien die Feiertagsruhe zu genießen. Doch überall ist die Angst zu spüren, von irgendeiner Polizeistreife festgehalten, mit erhobenen Händen an die Wand gestellt, durchsucht oder sogar verprügelt zu werden.

Pater Jorge hat sehr früh im Kolleg die Messe gelesen und danach, ohne Aufsehen zu erregen, das Haus verlassen. Mit dem Bus hat er die Avenida Corrientes, die Hauptverkehrsader von Buenos Aires erreicht, wo er für seine heiklen Gespräche ein öffentliches Telefon benutzt. Er will vermeiden, abgehört zu werden, weil die Apparate im Sitz des Provinzialats überwacht werden. Während er im Bus den Rosenkranz betet, erfährt er aus den geflüsterten Gesprächen der anderen Fahrgäste, wie Mütter das Verschwinden ihrer Söhne beklagen und junge Leute gegen die Grausamkeiten der Militärjunta protestieren wollen.

Der Jesuit versinkt während der Busfahrt mit geschlossenen Augen im Gebet und vergisst beinahe auszusteigen. In Gedanken ist er bei den beiden Mitbrüdern, die in der Gewalt der Militärs sind, als der Busfahrer die Haltestelle ansagt.

Pater Jorge schaut sich um und sieht ein Polizeiauto, das über Lautsprecher der Bevölkerung mitteilt, wie sie sich im Falle einer Kontrolle zu verhalten hat. Auf den Gehsteigen überwachen Patrouillen die Geschäfte. Agenten in Zivil verschwinden in den Kirchen, um sich in die hinterste Reihe zu setzen und zu hören, was die Priester predigen.

Pater Jorge wirft Münzen ins Telefon, wählt und meldet sich: »Pater General, Bergoglio am Apparat ...«

»Jorge, wie schön, dich zu hören, was gibt es Neues?«

»Gestern ist es mir gelungen, Videla zu treffen ...«, flüstert der junge Provinzial in den Hörer, aus Angst, eine Patrouille könnte etwas mitbekommen.

»Wie hast du das geschafft?«, fragt Pater Arrupe neugierig.

»Ich habe den Militärkaplan, der normalerweise in Videlas Haus die Messe liest, gebeten, sich krankzumelden, und habe ihn vertreten. Nach der Messe konnte ich mit Videla sprechen, der mir versprochen hat, sich um den Fall zu kümmern ... Hoffentlich hält er Wort.«

Über das Münztelefon hält Pater Jorge den Ordensgeneral der Jesuiten auch weiterhin über alle Neuigkeiten auf dem Laufenden, die das Schicksal der beiden inhaftierten Priester betreffen, bis ihn fünf Monate später im Kolleg selbst ein unerwarteter Anruf erreicht.

Unter Tränen kündigt ihm Pater Yorio persönlich seine Freilassung an. Er und Pater Jalics waren betäubt und dann in ein Lager in Cañuelas, eine Autostunde von Buenos Aires entfernt, verschleppt worden. Monatelang wurden sie dort gequält und gedemütigt, bis sie schließlich freikamen. Pater Jorge gelingt es, durch die Apostolische Nuntiatur für die beiden Priester Diplomatenpässe zu beschaffen und auf diese Weise ihre Ausreise zu ermöglichen. Pater Jalics kann zu seiner Mutter in den Vereinigten Staaten, während Yorio nach Rom geschickt wird, um kanonisches Recht zu studieren.

Im Laufe der folgenden Monate betreut Pater Jorge noch andere *desaparecidos* und steht für ihre Fälle in ständigem Kontakt mit dem Apostolischen Nuntius in Argentinien. Auch um weniger brisante, aber dennoch wichtige Angelegenheiten muss er sich kümmern, beispielsweise um die Kinder in den umliegenden Stadtvierteln, denen es ebenso an Seelsorge wie an angemessener Erziehung und Ausbildung fehlt. Er richtet samstägliche Katechismusstunden für sie ein und organisiert Fußballturniere. Dieses Bemühen um die Kinder trägt ihm aus Ordenskreisen die Kritik ein, das Schulwesen der Jesuiten »salesianisiert« zu haben.

Natürlich darf der Provinzial auch die geistige und körperliche Gesundheit seiner Priester nicht aus dem Auge verlieren. Weil der Koch am Sonntag frei hat, bereitet er höchstpersönlich das Mittag- und Abendessen für die Studenten zu. Das Kochen lernte er von Großmutter Rosa und von seiner Mutter, die nach der Geburt von María Elena die Kinder zum Mithelfen aufforderte und nur die Zutaten für die Zubereitung der Mahlzeiten auf den Tisch stellte.

Früher hatte Jorge auch einige Kochtipps von Esther erhalten, die ihren ehemaligen Gehilfen aus dem Chemielabor eines Tages unerwartet anruft.

Wir hatten beide sehr viel zu tun, aber wir trafen uns auch in diesen Jahren häufiger. Wenn ich Zeit hatte, besuchte ich sie zum Abendessen oder nachmittags auf einen Kaffee. Ich mochte sie immer noch sehr, denn sie hatte mich schließlich zu denken gelehrt! Deshalb blieb ich auch in diesen düsteren Zeiten an ihrer Seite. Im September 1976 hatten die Militärs ihren Schwiegersohn verhaftet, und im Juli des folgenden Jahres verschleppten sie auch ihre sechzehnjährige schwangere Tochter Ana María. Die ganze Familie stand unter Beobachtung, denn das Regime wusste bestens über Esthers politisches Engagement als Kommunistin Bescheid.

An jenem Tag erhielt ich einen äußerst merkwürdigen Anruf von ihr. Mit völlig veränderter Stimme sagte sie zu mir: »Hör zu, Jorge, meine Schwiegermutter Edelmira liegt im Sterben, kannst du kommen, um ihr die Letzte Ölung zu erteilen?« Irgendetwas stimmte da nicht. Esther und ihre ganze Familie waren Atheisten, und selbst wenn die Schwiegermutter tatsächlich gläubig war, spürte ich, dass es um etwas anderes ging, um etwas, das Esther mir am Telefon nicht mitteilen konnte. Ich suchte sie also zu Hause auf und nahm sicherheitshalber alles Nötige für die Krankensalbung in dem Kästchen mit, das mir meine Großmutter geschenkt hatte. Als ich anklopfte, ließ mich Esther ein, schloss aber gleich die Tür hinter mir, aus Angst, es könnte mir jemand gefolgt sein.

»Was ist los, Esther?«, fragte ich ohne Umschweife, und sie rückte sofort mit der Sprache heraus. »Ich stehe unter Beobachtung, Jorge. Wenn sie ins Haus kommen und all die Bücher finden, bin ich erledigt.« Um es kurz zu machen, sie bat mich, ihre Bücher zu verstecken. Sie besaß zahlreiche Texte über Marxismus, Philosophie und andere Themen, was bei einer Hausdurchsuchung fatal für sie gewesen wäre. In den darauffolgenden Tagen gelang es mir, die Bücher wegzuschaffen und sie einfach unter die Bände der Kollegbibliothek zu mischen.

Vier Monate später wurde Ana María aus dem Gefängnis entlassen, und Esther beschloss, sie zusammen mit ihren anderen beiden Töchtern nach Schweden zu bringen, wo viele Argentinier Zuflucht gefunden hatten. Eine der drei Schwestern lebt noch dort, während die anderen beiden nach Argentinien zurückgekehrt sind, wo ich sie vor einigen Jahren wiedertraf.

Nachdem sie ihre Töchter in Sicherheit gebracht hatte, kam Esther wieder nach Argentinien zurück. Sie nahm als eine der wenigen Mütter der Plaza de Mayo weiter an den Kundgebungen teil, obwohl ihre Tochter frei war. Dennoch war sie in Sorge. Und das zu Recht: Unter die Mütter mit den berühmten weißen Kopftüchern, die jeden Donnerstagnachmittag gemeinsam auf der Straße protestierten, hatte sich der junge Marineoffizier Alfredo Astiz geschlichen, der Admiral Massera unterstand. Mit seinem Engelsgesicht gab er sich unter dem falschen Namen Gustavo als Bruder eines *desaparecido* aus. Es gelang ihm schnell, das Vertrauen der Gruppe zu gewinnen, die sich in der Kirche von Santa Cruz traf, wo er ihre Gespräche und Geheimnisse belauschen konnte.

Im Dezember 1977 gab er am verabredeten Tag das vereinbarte Zeichen für den geplanten Überfall. Die Schwadronen der Polizei konnten einige der Frauen beim Verlassen der Kirche festnehmen, wo sie eine Versammlung gegen das Militärregime abgehalten hatten. Esther wurde gemeinsam mit einer anderen Gründerin der Gruppe und den Franziskanerinnen Alice Domon und Léonie Duquet verschleppt. Später erfuhr ich, dass meine Freundin gefoltert und danach wie so viele andere auch aus einem

Flugzeug geworfen wurde. Hatte ich für andere Verschleppte etwas erreicht oder mich zumindest nützlich gemacht, konnte ich Esther, ihre Freundin und die beiden Nonnen nicht vor ihrem schrecklichen Schicksal bewahren. Immer wieder habe ich bei denjenigen nachgehakt, die hätten intervenieren können, aber vielleicht war es nicht genug.

Erst 2005 wurden die sterblichen Überreste von Esther und María Ponce de Bianco anhand ihrer DNA eindeutig identifiziert. Zu diesem Zeitpunkt war ich Erzbischof von Buenos Aires und erlaubte ihre Beisetzung im Garten der Kirche, vor der sie verschleppt worden waren. Das war das Mindeste, was ich tun konnte.

Trotzdem erhoben bis vor Kurzem ausgerechnet Leute, die eigentlich hätten wissen müssen, wie sehr ich mich der Grausamkeit des Regimes entgegengestellt hatte, immer wieder Vorwürfe gegen mich. Nicht zuletzt dank der Arbeit einiger Journalisten, die die Wahrheit herausfinden wollten und Zeugen zum Sprechen brachten, die vorher geschwiegen hatten, haben sich diese Anklagen als haltlos erwiesen.

Am 8. November 2010 wurde ich zudem in einem der Prozesse, die sich mit den während des Regimes begangenen Verbrechen beschäftigten, befragt, denn es gab immer noch Stimmen, die mich der Zusammenarbeit mit der Militärdiktatur beschuldigten. Während der Befragung im Erzbischöflichen Ordinariat, die vier Stunden und zehn Minuten dauerte, sah ich mich mit einem Trommelfeuer von Fragen konfrontiert, gestellt von den Anwälten der Menschenrechtsorganisationen und der Verwandten der

Opfer. Es waren drei Richter beteiligt, von denen sich der Vorsitzende sehr ruhig verhielt, der zweite gar nicht eingriff, der dritte mich aber ständig angriff. Es wurde sogar behauptet, während des Konklaves im Jahr 2005 nach dem Tod Johannes Pauls II. habe jemand im Vatikan ein Dossier über mich in Umlauf gebracht. Die Urheber hätten darin Vorwürfe über mein Verhalten während der Diktatur Videlas erhoben, um meine Wahl zu verhindern. Alles reine Erfindung: Ein Dossier über mich oder andere Kandidaten hat nie existiert.

Sie zeichneten die Befragung auf, und am Ende versicherte man mir, dass gegen mich nichts vorliege und ich unschuldig sei. Einem der Richter bin ich später noch zweimal im Vatikan begegnet. Beim ersten Mal war er mit anderen Personen anwesend, und ich erkannte ihn nach der langen Zeit nicht wieder, beim zweiten Mal bat er mich um eine Audienz, die ich ihm gerne gewährte. Später wurde mir von verschiedenen Seiten zugetragen, die argentinische Regierung habe sich intensiv, aber vergeblich bemüht, mich zu Fall zu bringen. Man fand keinerlei Beweise, denn ich hatte mir auch nichts zuschulden kommen lassen,

In den Jahren der Diktatur habe ich unendlich viel gebetet und vom Herrn vor allem Frieden für diejenigen erfleht, die Opfer der Gewalttaten und Demütigungen geworden waren. Eine Diktatur ist etwas Teuflisches, das habe ich mit eigenen Augen gesehen und in schrecklichen Situationen durchlebt, vor allem aus Angst um meine jüngeren Mitbrüder. Eine ganze Generation wurde während dieser Zeit ausgelöscht!

Zu Beginn der 1980er-Jahre ging der Albtraum endlich zu Ende, und mit den demokratischen Wahlen vom Oktober 1983 verbesserte sich die Lage. Auch für mich, denn nach dem Ende meiner Amtszeit als Provinzial hatte ich seit 1980 wieder die Leitung des Colegio Máximo und die Gemeinde San Miguel übernommen, bevor ich 1986 für einen Studienaufenthalt nach Deutschland geschickt wurde.

VII.

DIE HAND GOTTES

»Maradona! Maradonas unfassbares Tor bringt Argentinien in diesem Viertelfinale eins zu null gegen England in Führung ... aber die Engländer protestieren beim Schiedsrichter ... wegen Handspiel ... doch das Tor ist bestätigt. Wir müssen die Zeitlupe abwarten, um zu verstehen, was passiert ist ... schauen wir mal ... tatsächlich hat er den Ball anscheinend mit der Faust und nicht mit dem Kopf ins Tor befördert ... und Maradona jubelt ausgerechnet mit der erhobenen Faust ... unfassbar!«

Der Jubel über das Tor ist nur aus dem Fernseher im Wohnzimmer zu hören. Auf der Straße vor dem Haus ist es ruhig, keine Begeisterung, kein Freudengeschrei, niemanden kümmert es. Am Tag zuvor hatten die westdeutschen Fans noch ausgiebig gefeiert, weil ihre Nationalmannschaft ebenfalls im Viertelfinale das Gastgeberland Mexiko im Elfmeterschießen besiegt und damit aus dem Turnier gekickt hat.

In dem Städtchen Boppard, das eine gute Autostunde von Bonn entfernt liegt, zählt die Familie Schmidt zu den wenigen, die das Spiel im Fernsehen verfolgen, weil Pater Jorge bei ihnen wohnt. Der Neunundvierzigjährige wurde nach Deutschland geschickt, um seine Sprachkenntnisse zu verbessern und

Material für die Fertigstellung seiner Doktorarbeit über den Theologen Romano Guardini zu sammeln.

Um nichts auf der Welt hätte sich der fußballbegeisterte Jorge diesen 22. Juni 1986 und dieses Spiel mit dem *pibe de oro* (Goldjungen) entgehen lassen. Maradona mit der Rückennummer 10 und seine Mitspieler Burruchaga und Valdano lassen ihn und Millionen Argentinier von der Weltmeisterschaft träumen. Doch eine Reihe unvorhergesehener Verpflichtungen zwingt Jorge dazu, sich mit seinen Büchern zu beschäftigen, statt fernzusehen. Das Arztehepaar, bei dem er wohnt, schaut sich das Spiel nebenbei an, während sie zu Abend essen. Wie die meisten Deutschen interessieren sie sich nicht besonders für die Partie, die später für große Aufregung sorgt, aber sie tun es ihrem Gast zuliebe, um ihm danach das Ergebnis mitzuteilen.

Nach dem Führungstor des argentinischen Kapitäns halten in der zweiten Halbzeit alle den Atem an, aber die Anspannung dauert nur wenige Minuten. In der fünfundfünfzigsten Minute spielt Maradona von der Mitte des Spielfelds her zahlreiche Gegner aus und erzielt den Treffer, der als »Tor des Jahrhunderts« in die Geschichte eingehen sollte. Zwei zu null für Argentinien. Das Halbfinale scheint zum Greifen nahe. Diesmal klatscht auch Herr Schmidt begeistert und freut sich für Pater Jorge.

Auch im Estadio Azteca in Mexiko-Stadt brandet Beifall auf, aber unter den circa 14.000 Zuschauern überwiegen die Pfiffe der englischen Fans, die sich wegen des ersten irregulären Tores betrogen fühlen. Schon vor Spielbeginn war es zu Reibereien gekommen, bei denen es nicht nur um die alte sportliche Konkurrenz ging, sondern auch um die Erinnerung an die argentinische Niederlage im Krieg um die britischen Falklandinseln 1982. Kalt erwischt wurden die Engländer endgültig von Maradonas Coup sechs Minuten nach der Halbzeitpause.

Nicht umsonst steht der Fußballstar danach im Mittelpunkt des Interesses, und die Fernsehsender der ganzen Welt zeigen ihn, wie er sein Trikot mit der Nummer 10 küsst und das umstrittene Tor mit dem berühmten Satz kommentiert: »Un poco con la cabeza de Maradona y otro poco con la mano de Dios.« (»Ein bisschen der Kopf Maradonas und ein anderes bisschen die Hand Gottes.«)

Im ersten Moment war nicht klar, ob das Tor vielleicht ungültig sein könnte, aber die englischen Fußballer beschwerten sich beim Schiedsrichter darüber, dass Maradona den Ball mit der Hand ins Tor befördert hatte. In Zeitlupe war für alle offensichtlich, dass er den Ball mehr mit der Faust als mit dem Kopf getroffen hatte. Der tunesische Schiedsrichter hatte das nicht bemerkt und das Tor gelten lassen.

Tagelang wurde darüber diskutiert, und aus Argentinien erzählte man mir, dass die Zeitungen dort über nichts anderes berichteten. Das Foto und Maradonas Kommentar am Ende des Spiels gingen um die Welt. Als Papst empfing ich den Fußballer später im Vatikan, und wir sprachen über viele Themen, darunter auch über den Frieden. Erst kurz bevor wir uns verabschiedeten, fragte ich ihn: »Wessen Hand war es denn nun?«

Natürlich war Maradona auf dem Spielfeld ein großer Zauberer, viele seiner Treffer sind in die Geschichte eingegangen. Wie zum Beispiel auch sein zweites Tor in diesem Spiel, das nicht umsonst »Tor des Jahrhunderts« genannt wurde. Hinter seiner Ballsicherheit verbarg sich jedoch eine große Unsicherheit im Leben abseits des Spielfelds. Das zeigte sich in den letzten Jahren seines Lebens sehr deutlich an vielen Problemen, mit denen er auch seinen Fans Kummer bereitete, sowohl in Argentinien als auch in Italien, wo er wegen seiner Erfolge mit dem SC Napoli als Legende bis heute präsent und beliebt ist.

Ich erinnere mich, dass ich viele Spiele der Weltmeisterschaft 1986 verfolgte, es sei denn, ich musste andere Verpflichtungen wahrnehmen oder hatte mich entschieden, aufs Fernsehgucken zu verzichten. Ich besuchte damals das Goethe-Institut in Boppard, im Zuge dessen die Studenten bei Gastfamilien wohnen konnten. Wie erwähnt hatte mich das Ehepaar Schmidt aufgenommen – sie war Homöopathin, er Schulmediziner. Die beiden lebten allein, ihre Kinder waren schon erwachsen und verheiratet. Den Schmidts ging es nicht ums Geld, sondern um den menschlichen Kontakt. Beide waren sehr gläubig, vor allem Helma besuchte jeden Nachmittag die Messe, die ich in meinem Zimmer las. Manchmal luden sie mich auch zum Abendessen ein, bei dem wir uns über Politik bis zum Sport über alles Mögliche unterhielten. Es waren sehr schöne Momente, an die ich mich gern erinnere.

Am 29. Juni, am Tag des Endspiels zwischen Argentinien und der Bundesrepublik, entschied ich, das Spiel nicht anzuschauen. Ich wollte lieber am Rheinufer spazieren gehen, das vom Haus der Schmidts leicht zu erreichen war. Mir war es wichtiger, einen Augenblick der Ruhe zu genießen, um über mein Leben nachzudenken, den Rosenkranz zu beten und wie jeden Abend Gott für alles zu danken, was er mir bis zu meinem nun fast sechsten Lebensjahrzehnt schon geschenkt hatte.

Als ich heimkam, eröffnete mir Herr Schmidt, der ein großer Fan der deutschen Nationalmannschaft war, mit einem Hauch von Bedauern: »Es sieht ganz so aus, als ob ihr Weltmeister werdet ...« Da stand es gerade zwei zu null für Argentinien. Ich dankte meinem Gastgeber und ging schlafen, ohne das Ende der Partie abzuwarten. Er behielt recht, wie ich am anderen Morgen in der Zeitung lesen konnte: Argentinien hatte drei zu zwei gewonnen, und Maradona wurde mit dem Pokal in den Händen von seinen Mitspielern im Triumph durch das Stadion getragen.

Als ich wenig später zum Unterricht ins Goethe-Institut kam, begrüßte mich eine japanische Mitstudentin aus Sapporo mit begeisterten Worten: »Ihr seid Weltmeister! Ihr seid Weltmeister!« Die anderen dagegen sagten nichts und blieben stumm wie Fische. Es gab einige Engländer, deren Haltung ich verstehen konnte, aber es waren auch Franzosen und Italiener darunter. Dann ging die Japanerin an die Tafel und schrieb mit Kreide in großen Buchstaben: VIVA ARGENTINA! Das freute mich sehr, aber ich wusste, dass gleich die Deutschlehrerin kommen würde, deren Unterricht sehr gut war und von der ich viel gelernt habe. Sie schien stolz darauf, schon zum dritten Mal verheiratet zu sein und Kinder von verschiedenen Ehemännern zu haben. Und hielt sich so vielleicht für eine moderne Frau. Sobald sie den Satz auf der Tafel sah, wies sie meine Mitstudentin an, ihn wegzuwischen. In diesem angesehenen

Institut musste sich anscheinend jeder ausnahmslos an die Etikette halten, und vielleicht hatten die anderen Studenten deshalb nichts zu mir gesagt. Ich will es so auslegen, auch wenn ich mich damals wirklich als Außenseiter fühlte. Ich war an einen Ort geschickt worden, den ich so wenig verstand, dass ich Heimweh nach Argentinien bekam.

Obwohl ich nicht richtig mitfeiern konnte, war ich dennoch glücklich darüber, dass wir Weltmeister geworden waren. Dabei kam mir der herausragende Kampf um die argentinische Meisterschaft von 1946 ins Gedächtnis, die unser Verein San Lorenzo gewonnen hatte. Damals war ich noch ein Kind, aber ich erinnere mich bis heute, wie unser Goldterzett den Pokal hochhielt und wir uns selbst als Meister fühlten. Wie so oft während dieser Spiele beschimpften viele Fans den Schiedsrichter als »gekauft«. Nach Spielende gaben sich die Anhänger der beiden Parteien jedoch wieder freundlich die Hand. So sollte Sport sein: Ein gesunder Wettstreit, gefolgt von Großzügigkeit und ehrlicher Freundschaft. Das haben mich auch die Salesianer gelehrt.

Wir sollten nicht vergessen, wie wertvoll Sport auch dann ist, wenn Kinder nur mit einem Ball aus Lumpen auf der Straße spielen, wie ich in meiner Jugend. Sportsgeist kann und muss auch auf diesem einfachen und gesunden Wege gefördert werden. Dazu fällt mir ein Film aus dem Jahre 1948 mit dem Titel *Pelota de trapo* (Ball aus Lumpen) ein, den ich als Jugendlicher gesehen habe. Der Regisseur Leopoldo Torres Ríos, einer der Pioniere des argentinischen Films, erzählt darin die Geschichte einer Gruppe von Kindern, die auf der Straße Fußball spielen und sich mit dem vergnügen, was sie vorfinden, aber davon träumen, eines Tages einen echten Ball aus Leder zu besitzen. Nach den Worten Don Boscos genügt es, einen Ball auf die Straße zu legen, und sei er nur aus Lumpen, um Kinder um sich zu scharen. Die Kleinen könnten einem Ball genauso wenig widerstehen wie Wespen einem Bienenstich!

Selbst in seiner Einfachheit kann uns Sport vor moralischem und sozialem Abstieg bewahren, schwierige familiäre Situationen erleichtern und vor allem benachteiligten Kindern in armen Vorstädten ein Ventil bieten, um mit einem ordentlichen Tritt gegen den Ball Spannungen loszuwerden. Die katholische Jugendarbeit ist auch deshalb entstanden: um auf diese Weise unzählige Jugendliche von der Straße zu holen und davor zu bewahren, auf die falsche Bahn zu geraten. Sport ist auch in seiner Einfachheit wertvoll und ein wahrer Segen. Sport sollte *kostenlos* sein. Deshalb freue ich mich immer darüber, wenn Menschen sich für ein Spiel begeistern, für ein Tor oder für einen Sieg, vorausgesetzt allerdings, dass es dabei *nicht ums Geld* geht. Sport muss man aus Leidenschaft betreiben, zum Vergnügen, aus Freude am Spiel. Ohne Zweifel spielen heute im Wettkampf- und Profisport kommerzielle Interessen wie beispielsweise das Sponsoring eine große Rolle. Solange diese nicht überwiegen und ethischen Grundsätzen genügen, ist das nicht unbedingt schlecht. Wichtig ist, dass sich im Zusammenhang mit Geld keine perversen Logiken durchsetzen, die wenig mit Spielfreude und Sportsgeist zu tun haben.

Der Deutschunterricht endet früher als gewöhnlich, weil der Lehrerin unvorhergesehen etwas dazwischenkam. Mit dem Versprechen, das Versäumte nachzuholen, entschuldigt sie sich bei ihren Schülern und schickt sie heim. Auch Pater Jorge verabschiedet sich von seinen Mitstudenten und will, statt direkt nach Hause zu gehen, wo Helma ihn für die gewohnte Nachmittagsmesse erwartet, wie am Vorabend wieder ans Rheinufer hinuntergehen, um den Rosenkranz zu beten.

Obwohl viele bedauern, dass Deutschland nur Vizeweltmeister geworden ist und die Fandekoration schon wieder eingeholt haben, sieht man noch gelegentlich deutsche Fahnen an Balkonen und Fenstern, schwarz-rot-goldene Flaggen als Überbleibsel der Euphorie des Vortags. Ein paar Fans haben die Fahnen jedoch auch nach Bonn mitgenommen, wo sie die aus Mexiko heimkehrende Mannschaft empfangen wollen. Kokarden, Tröten und Trikots mit den Namen der Spieler sind schon aus den Schaufensterauslagen verschwunden, denn die Enttäuschung über die knapp entgangene Weltmeisterschaft ist allzu groß. Das Leben in der kleinen Stadt am Rhein nimmt wieder seinen gewohnten Lauf.

Zwei strohblonde Buben gehen mit ihrer Mutter spazieren. Sie tragen beide einen »Rattenschwanz«, einen sehr dünnen geflochtenen Zopf, der vor allem bei den Allerjüngsten gerade sehr in Mode ist. Die beiden spielen mit einem Fußball aus Schaumstoff, und die deutschen Farben, die ihnen ihr Vater vor dem Endspiel auf den Arm gemalt hat, sind noch gut zu sehen. »Ich bin Rummenigge, und du bist Matthäus, okay?«, sagt der Ältere und tippt seinem kleinen Bruder auf die Schulter. »Und ich als Argentinier, wer könnte ich sein?«, mischt sich Pater Jorge lächelnd ein, nachdem er die Träumereien der beiden über ihre Lieblingsfußballer gehört hat. Die Brüder nehmen ihm die Frage übel, der Ältere streckt die Zunge heraus, und der Jüngere tut es ihm gleich. Der Mutter ist das Verhalten ihrer Söhne peinlich, und sie fühlt sich gezwungen, sich bei diesem Priester, dem sie nur zufällig begegnet ist, zu entschuldigen.

»Machen Sie sich keine Sorgen, das heißt doch nur, dass ihre Söhne zu ihrem Land halten. Und wenn sie groß sind, werden sie vielleicht hervorragende Fußballer!«, antwortet Pater Jorge freundlich und zieht aus seiner Tasche für jeden der Buben ein Heiligenbildchen, bevor er seinen Weg fortsetzt.

An der Rheinpromenade findet der Priester ein öffentliches Telefon bei den von Touristen und Einheimischen besetzten Tischen, an denen man bei leichtem Wind einen ruhigen Nachmittag genießen kann. Er hätte Lust, seine Schwester María Elena anzurufen, doch er weiß, dass sie um diese Tageszeit bestimmt nicht zu Hause ist. Dann denkt er an seine argentinischen Freunde, die jetzt sicher den Sieg der Weltmeisterschaft feiern.

Bevor er zum Hörer greift, schaut Pater Jorge auf seine Plastikarmbanduhr, denn er möchte Helma nicht warten lassen. Sie und ihr Mann spielen vor dem Abendessen immer Klavier, und wenn er zu spät kommt, könnte ihr Zeitplan durcheinanderkommen. Glücklicherweise bleiben noch ein paar Minuten für ein kurzes Telefonat.

Pater Jorge nimmt den Hörer ab, steckt die in einem Schreibwarenladen gekaufte Telefonkarte in den Apparat und ruft seinen alten Freund Óscar an, mit dem ihn seit der gemeinsamen Schulzeit an der Escuela Industrial eine enge Freundschaft verbindet.

»Wie geht's? Hast du gestern das Finale gesehen?«, fragt Jorge ganz ohne Umschweife.

»Also, hier sind alle völlig aus dem Häuschen, Jorge, ich habe kein Auge zugetan, mein Gott, hier haben sie die ganze Nacht mit Autokorsos, Feuerwerk und Böllern gefeiert ...«, berichtet ihm sein Freund über das, was sich am Vorabend in Buenos Aires abgespielt hat.

»Ja, wer wollte da nicht feiern? Ich habe das Spiel leider nicht gesehen.«

»Na klar! Gegen Maradona gab es nach dem Spiel allerdings heftige Proteste wegen *der Hand Gottes* ... Zum Glück hat er nicht reagiert wie *El Rata*, erinnerst du dich noch daran?«, fragt Óscar.

Und da taucht bei Jorge plötzlich die Erinnerung an ein Ereignis aus der Zeit auf, als er noch in seinen Dreißigern war.

El Rata war der Spitzname von Antonio Rattín, einem großartigen Spieler der argentinischen Nationalmannschaft.

Ich erinnere mich noch ganz genau an ein Spiel während der Weltmeisterschaft am 23. Juli 1966 im Wembley-Stadion. Argentinien spielte im Viertelfinale gegen den Gastgeber England, und die Partie war hochspannend. Zunächst war Kapitän Rattín mit der Nummer 10 vom deutschen Schiedsrichter wegen eines leichten Fouls verwarnt worden und hatte sich darüber geärgert. Später wurde ein weiterer argentinischer Spieler verwarnt, und Rattín beschwerte sich beim Schiedsrichter auf Spanisch. Offensichtlich verstand der Deutsche das Gesagte nicht, sah nur die Aufregung und verwies Rattín des Platzes. Da brach das Chaos los, denn keiner von uns Fans konnte diese Entscheidung in dem Moment akzeptieren!

El Rata weigerte sich, das Spielfeld zu verlassen, er wollte den Grund für den Platzverweis wissen. Es gab jedoch keinen Dolmetscher, der die Situation hätte klären können. Das Spiel blieb für mehr als zehn Minuten unterbrochen. Einige Funktionäre in Anzug und Krawatte eilten auf den Platz und versuchten vergeblich, den Kapitän zum Verlassen des Spielfelds zu bewegen. Als er schließlich doch ging, wurde er auf dem Weg zu den Umkleidekabinen ausgepfiffen, weil er zwei Dinge tat, die das englische Publikum sehr verstörten. Zuerst betrat er unter der königlichen Loge den Roten Teppich, der für die Königin reserviert war, und dann riss er beim Vorbeigehen eine Eckfahne mit dem Aufdruck der englischen Krone heraus.

Leider gewannen damals die Emotionen die Oberhand, und das Spiel, das Vergnügen hätte sein sollen, verwandelte sich in etwas anderes. Glücklicherweise nahmen die Dinge 1986 mit Maradona einen glimpflicheren Verlauf. Aber man braucht zeitlich gar nicht so weit zurückzugehen, denn auch bei der letzten Weltmeisterschaft in Katar im Dezember 2022 spielten sich hässliche Szenen ab. Ich las in der Zeitung davon, dass französische Fans nach dem Endspiel den argentinischen Torhüter auspfiffen, der seinerseits mit einer hässlichen Geste antwortete. Oder dass es beim Viertelfinale Argentinien gegen die Niederlande zu Streitereien auf dem Spielfeld kam. Die Berichte haben mich sehr betrübt, denn nach dem Spielende sollten alle ohne Streit feiern, die Verlierer trösten und die Sieger umarmen. Der Sportsgeist sollte im Vordergrund stehen, nicht das Ressentiment.

Diese letzte Weltmeisterschaft habe ich nicht verfolgt, weil ich nicht fernsehe – warum, werde ich später erklären. Doch am Tag des Endspiels zwischen Argentinien und Frankreich empfing ich vier Piloten einer Fluggesellschaft, Freunde von Freunden, die mich zusammen mit ihren Ehefrauen besuchten. Einer von ihnen sagte mir während unserer Begegnung: »Argentinien gewinnt zwei zu eins ... den Pokal habt ihr schon sicher!« Später dagegen habe ich erfahren, dass Argentinien nur durch Elfmeter und mit größter Mühe gegen die starken Franzosen gewonnen hatte. Das brachte mich ins Nachdenken und erinnerte mich an das Spiel im Viertelfinale gegen die Niederlande, wo Argentinien ebenfalls mit zwei zu null geführt hatte und am Schluss ins Elfmeterschießen musste. Im Endspiel das Gleiche: Zuerst lagen wir in Führung, dann holte die Gegenmannschaft auf.

Vielleicht ist ein solches Verhalten kennzeichnend für die Psyche vieler Argentinier. Anfangs begeistert man sich für etwas, kommt dann aber aus Mangel an Durchhaltevermögen nur mühsam bis zum Ende. Wir Argentinier sind so, wir glauben, den Sieg in der Tasche zu haben und verlieren dann in der zweiten Spielzeit. Uns fehlt das Durchhaltevermögen nicht nur beim Fußball, sondern auch im täglichen Leben. Bevor wir etwas zu Ende führen, trödeln wir zu lange herum und erzielen deshalb vielleicht nicht das gewünschte Ergebnis. Zu guter Letzt schaffen wir es zum Glück aber doch.

Zurück ins Jahr 1986 und zu meinem Aufenthalt in Deutschland: Ich habe auch andere Erinnerungen an diese Zeit, die weit über den Sieg der Weltmeisterschaft und Maradonas Tor mit Hilfe der »Hand Gottes« hinausgehen. In diesem Land habe ich meine Hingabe an die Muttergottes, die Knoten löst, vertieft. Noch in Buenos Aires hatte ich von dem Gnadenbild der *Maria Knotenlöserin* gehört, auf dem die Jungfrau dargestellt ist, wie sie ein Band voller Knoten löst. Es befindet sich in der Wallfahrtskirche der Jesuiten St. Peter am Perlach in Augsburg. Leider habe ich es nie geschafft, sie zu besuchen. Wenn meine Pflichten es zugelassen hätten, wäre ich gerne vor diesem Barockgemälde aus dem frühen 18. Jahrhundert niedergekniet, um an all die Knoten zu denken, die ich damals in meinem Leben zu lösen hatte. Obwohl ich in Abstimmung mit dem Provinzial ein einjähriges Sabbatical genommen hatte, gab es immer noch Auseinandersetzungen, Schwierigkeiten, Sünden und Fehler sowie Hindernisse, die unüberwindlich schienen.

Trotzdem habe ich auch in dieser Situation wieder die Gegenwart des Herrn erfahren, der mir zuvorgekommen war, und die Muttergottes war an der Pforte meines Herzens, um sich mein Jammern mit der Geduld anzuhören, die nur eine Mutter hat. Und nicht nur das. Ich habe mich ihr ganz und gar hingegeben und gespürt, wie sie mir geholfen hat, alle meine Knoten zu lösen. Dies gilt nicht nur für mich, sondern für alle! Die Hingabe an die Gottesmutter muss klar, schön, rein und schlicht sein. Maria und ihr Sohn Jesus müssen immer an erster Stelle stehen, ohne Mittelsmänner, die die Naivität und die Schwäche des Volkes zum eigenen Vorteil ausnutzen könnten.

Eines Tages fand ich eine ganze Reihe von Heiligenbildern, auf denen das Bild abgebildet war, und am Ende meines Aufenthalts nahm ich sie mit nach Buenos Aires, um sie hier und da Freunden, Bekannten oder anderen Gläubigen zu schenken. Im Laufe der Jahre wurden sie mehrfach reproduziert, und auch heute noch liegen die Bildchen der *Maria Knotenlöserin* in einigen Kirchen von Buenos Aires aus, wo die Verehrung der Gottesmutter zugenommen hat und viele Gläubige anzieht.

Zurück in der Heimat, begann für mich wieder der Alltag im Colegio del Salvador in Buenos Aires.

VIII.

DER FALL DER BERLINER MAUER

Mitten im verkehrsreichen Zentrum von Buenos Aires bewohnt Pater Jorge ein kleines, nüchtern eingerichtetes Zimmer ohne eigenes Bad im Colegio del Salvador, der renommierten Schule der Jesuiten, die von der Elementar- bis zur Sekundarstufe führt. An diesem Nachmittag begleitet die Musik Richard Wagners – *Parsifal* unter der Leitung von Hans Knappertsbusch – seine Arbeit.

Im Jahr 1966 hat Pater Jorge hier schon einmal Literatur und Psychologie gelehrt, und nach seinem kurzen Aufenthalt in Deutschland kehrt er in diese Gemeinschaft der Jesuiten als Beichtvater für die nahe Iglesia del Salvador zurück. Der neue Provinzial, Pater Víctor Zorzín, der von 1973 bis 1979 sein Stellvertreter war, hat ihm diese kleine Aufgabe ohne Führungsverantwortung innerhalb des Ordens übertragen, und Pater Jorge hat gehorcht.

Durch seine Beiträge für die theologische Zeitschrift der Jesuiten wird er unter seinen Mitbrüdern im Land schnell bekannt und hat Ende der 1980er-Jahre viel zu tun. Er schreibt Artikel, hält in ganz Argentinien Vorträge und leitet geistliche Exerzitien an. Vor allem aber beauftragt ihn Pater Ernesto

López Rosas, ein herausragender Vertreter der Befreiungstheologie und neuer Rektor des Colegio Máximo von Buenos Aires, mit einer wöchentlichen Stunde in Pastoraltheologie für die Studenten der Fakultät, für die seine Bücher bereits zum Studienpensum gehören. Pater López kennt seinen Mitbruder schon lange, seit Ende der 1960er-Jahre. Seit sie damals, wie so viele argentinische Mitbrüder, der geistlichen Führung des Jesuitenpaters Miguel Ángel Fiorito folgten, sind sie auch heute einer Meinung in Fragen der Seelsorge, der sozialen Verantwortung der Geistlichen und der Hinwendung zu den Ärmsten der Armen.

Mit der Musik des *Parsifal* im Hintergrund beugt sich Pater Jorge über die Bücher von Romano Guardini und dem heiligen Augustinus, um Inspiration für seinen Text zu finden. Gelegentlich hebt er den Blick und schaut aus dem Fenster. Das Bimmeln eines Eiswagens hat ihn abgelenkt, und sein Blick fällt auf eine Gruppe lärmender Schüler, die in einiger Entfernung herumlungern. Der Laden gegenüber hat schon die ersten Badeanzüge in der Auslage, die Bäume in der Avenida Callao blühen bereits. An diesem 9. November 1989 kündigt sich der Übergang vom Frühjahr zum Sommer an. Doch dieser kurze Augenblick der Entspannung wird vom Schrillen des Telefons jäh unterbrochen.

»Pater Jorge, schalte schnell den Fernseher an ...«

Der Anrufer ist Guillermo Ortiz, ein Angehöriger des Jesuitenordens, der gerade sein Studium absolviert und einige Jahre das Zimmer neben dem zweiundfünfzigjährigen Bergoglio bewohnte. Pater Jorge kennt ihn seit dem Jahr 1977, als er selbst Provinzial war und Guillo davon träumte, Jesuit zu werden. Anfang der 1980er-Jahre sind sie sich dann wiederbegegnet, der eine Novize, der andere Rektor des Colegio Máximo in San Miguel und Pfarrer der Patriarca-San-José-Kirche. Damals hatte sich der künftige Priester um die Schweine, Schafe und Kühe zu kümmern, die Pater Jorge kaufte und aufzog, um die zweihundertköpfige Gemeinschaft des Kollegs zu ernähren.

Guillos hatte aber auch die Aufgabe, am Sonntag die Kinder des Viertels von der Straße zur Messe zu holen. Pater Bergoglio achtete sehr darauf, dass seine Priester sich unters Volk mischten. Die zukünftigen Jesuiten sollten sich in den drei Barrios der Pfarrei – La Manuelita, Constantini und Don Alfonso – vor allem um die Ärmsten kümmern, sprich, sie sollten sich an vorderster Front in der Gemeinde engagieren und eine volksnahe Religiosität leben.

»Wenn du zwei Minuten Zeit hast, dann schau dir die Übertragung an, es ist unglaublich ...«, fügt Guillermo hinzu.

Pater Jorge legt auf, macht den Plattenspieler aus und eilt in den Fernsehraum. Die Bilder, die gerade aus Deutschland übertragen werden, sind tatsächlich einzigartig. In Ost-Berlin sind Zehntausende auf die Straße geströmt und passieren die Übergänge an der Mauer, dem Symbol des Kalten Krieges, das die Stadt seit 1961 teilt. Die Grenzübergänge sind plötzlich geöffnet worden, nachdem das Mitglied des Zentralkomitees der SED, Günter Schabowski, von den Fragen der Journalisten im Internationalen Pressezentrum der DDR-Regierung überrascht, angekündigt hatte, dass ab sofort die Ausreise für Privatleute ohne die bis dahin erforderlichen Formalitäten erlaubt sei. Im allgemeinen Chaos schlagen junge Leute mit Pickeln und anderen Werkzeugen Löcher in die Mauer, ganze Familien setzen sich ins Auto, andere passieren die Grenze zu Fuß. Manche versuchen es gar nicht erst an den Checkpoints, sondern klettern einfach über die Mauer, die so viel Leid und Tod verursacht hat, andere fürchten, dass die Grenzsoldaten doch noch das Feuer eröffnen, wie es schon so oft passiert ist.

Die Menge erreicht auch das Brandenburger Tor, das das kommunistische Deutschland als sein Wahrzeichen reklamiert hat. Auf der anderen Seite der Mauer hat der amerikanische Präsident John F. Kennedy 1963 vor dem Rathaus Schöneberg seine berühmte Rede gehalten: »Alle freien Menschen, wo immer sie leben mögen, sind Bürger dieser Stadt West-Berlin. Deshalb bin ich als freier Mann stolz darauf, sagen zu können: ›Ich bin ein Berliner.‹« Die Menge jubelte und winkte ihm mit weißen Taschentüchern zu, als Kennedy ihr den letzten Satz auf Deutsch zurief.

An diesem Nachmittag im Jahr 1989 erlebten wir im Fernsehen die eindrucksvollen Szenen eines historischen Augenblicks mit, den ich mir nie hätte träumen lassen. Junge Leute tanzten auf der Mauer und prosteten sich zu, einander völlig Unbekannte umarmten sich, ganze Familien waren in Tränen aufgelöst. Der Anblick war bewegend, als die Menschen das Ende aller Repression und Gewalt feierten. Sie hatten die Freiheit wiedergewonnen.

Bald sollte im Gefolge der unter dem Namen Perestroika eingeleiteten Reformpolitik Michail Gorbatschows auch die Sowjetunion auseinanderbrechen. Gorbatschow war ein bedeutender Mann, vielleicht einer der größten Staatsmänner, die die UdSSR je hatte. Ich habe ihn sehr bewundert, weil er die Welt reformieren wollte, um der Bevölkerung neues Leid zu ersparen. An seine Tochter und seine Frau Raissa, die eine hervorragende Philosophin und großartige Frau war, kann ich mich gut erinnern.

Die Bilder vom Fall der Berliner Mauer waren für mich eine große Erleichterung, weil Europa endlich das lang ersehnte Gefühl von Sicherheit und Frieden wiedererlangte. In Argentinien fand diese Entwicklung nur wenig Aufmerksamkeit, unser Blick richtete sich auf eine andere Weltgegend. Der Mauerfall spielte, abgesehen von den ersten Fernsehberichten, keine herausragende Rolle in den Medien. Wenige Monate zuvor hatten Präsidentschaftswahlen stattgefunden, aus denen der Kandidat des Partito Giustizialista (Peronisten), Carlos Menem, als klarer Sieger hervorging. Der Sohn syrischer Einwanderer aus La Rioja, einer der ärmsten Provinzen des Landes, war ein überzeugter Marktliberaler. Damals galt es, neue Wege in der Politik zu suchen und eine demokratische Kultur zu entwickeln, die auf dem Prinzip der Solidarität fußte, um das Leben der Bürger zu verbessern. Welche Rolle dabei der neue Präsident spielen sollte, wurde heftig diskutiert.

Doch gewiss verfolgten alle Argentinier, die wie ich Verwandte in Europa hatten, die Nachrichten aus Deutschland mit großer Aufmerksamkeit: Endlich fiel diese Mauer, die die ideologische Teilung der ganzen Welt symbolisierte! Die Bilder überraschten uns, keiner hatte den Fall der Berliner Mauer vorhersehen können. Er war dem jahrelangen, ja jahrzehntelangen Einsatz vieler Menschen zu verdanken, ihrem Kampf, ihrem Leiden, ja ihrer Bereitschaft, das eigene Leben aufs Spiel zu setzen, aber auch und vor allem ihrer Gebete. Ich muss an Johannes Paul II.

denken, den ich 1987 beim Weltjugendtag in Buenos Aires kennengelernt hatte. Mit seinen Worten und seinem Charisma hatte er all diesen Menschen die Kraft gegeben, gemeinsam für die Freiheit einzutreten. Schon bei seiner ersten Reise in sein Heimatland Polen im Jahr 1979 stärkte er in Osteuropa den Geist von Millionen von Menschen, die durch ihn wieder Hoffnung schöpften.

So wurde der Prozess in Gang gesetzt, der schließlich zum Mauerfall führte. Doch es gibt immer noch viel zu viele Mauern in der Welt, auch wenn sie weniger berühmt sind. Wo eine Mauer ist, ist ein Herz verschlossen; wo eine Mauer ist, leidet ein Bruder oder eine Schwester, weil das Hindernis unüberwindbar ist; wo eine Mauer ist, sind die Völker gespalten, und das ist nicht gut für die Menschheit. Denn wenn wir uneins sind, fehlen Freundschaft und Solidarität. Stattdessen müssen wir dem Beispiel Jesu folgen, der alle durch sein Blut vereint hat.

Es gibt nicht nur physische Mauern. Auch wenn wir mit jemandem nicht in Frieden leben, steht eine Mauer zwischen uns. Wie schön wäre eine Welt voller Brücken statt Grenzen und Barrieren. Die Menschen könnten sich treffen und im Geiste der Brüderlichkeit zusammenleben, die Ungleichheit abbauen und Freiheit und Rechte wachsen lassen. Aber wo es Mauern gibt, gedeihen Kriminalität, Korruption und Unehrlichkeit. Mauern dienen der Schwäche der Menschen und halten sie in Angst und Schrecken. Wir sind Christen! Deshalb müssen wir den Nächsten ohne Vorbehalt und ohne Einschränkung lieben und die Mauern der Egoismen und der persönlichen und nationalen Interessen überwinden. Es ist notwendig, die Zäune der

Ideologien, die Hass und Intoleranz vergrößern, niederzureißen.

Wenn ich heute an die Fernsehbilder vom Fall der Berliner Mauer zurückdenke, die ich im argentinischen Fernsehen gesehen habe, bin ich immer noch besonders von der unverfälschten Freude vieler älterer Menschen beeindruckt, die ganz persönlich viel Leid erlebt und diesen Augenblick seit wer weiß wie vielen Jahren herbeigesehnt hatten. Nachdem sie auf der anderen Seite des Eisernen Vorhangs angekommen waren, vermochten sie aus Rührung auf die Fragen von Journalisten nicht zu antworten und ließen ihren Tränen freien Lauf.

Wie Jesus hatten sie keine Scheu davor, zu weinen. In der Bibel lesen wir, dass Christus Tränen vergoss über den Tod eines Freundes, dass ihn die Masse der Menschen ohne geistigen Hirten tief bewegte und dass er beim Anblick einer armen Witwe, die ihren eigenen Sohn zu Grabe tragen musste, in seinem Herzen weinte. Wenn man nicht zu Tränen fähig ist, diesem Beweis der Menschlichkeit, dann kann man kein guter Christ sein!

Nachdem er einige Minuten lang die Fernsehübertragung verfolgt hat, kehrt Pater Jorge in sein Zimmer zurück, denn er will vor dem Abendessen seinen Text fertigstellen. Außerdem muss er auch noch den Brief eines seiner ehemaligen Schüler am Colegio de la Inmaculada in Santa Fe beantworten, den er gut sichtbar auf einen Stoß Bücher gelegt hat. Schon seit Tagen wartet der Absender auf eine Antwort, die nicht länger hinausgezögert werden soll. Seit der Zeit, in der er unterrichtet hat, hat er den Kontakt zu den Schülern seiner Kurse in Literatur und Psychologie gehalten, die ihn noch immer anrufen oder ihm schreiben.

Einer der Schüler, der immer wieder von sich hören lässt, erinnert sich in dem langen Brief, den Pater Jorge vor sich liegen hat, an ein unvergessliches Treffen mit dem berühmten argentinischen Schriftsteller Jorge Luis Borges, den Professor Bergoglio eingeladen hatte, um über linke Literatur zu sprechen. Obwohl mehr als zwanzig Jahre vergangen sind, fragt der ehemalige Student, der inzwischen Arzt geworden ist, nach Erklärungen zur Evolutionstheorie des Jesuiten Pierre Teilhard de Chardin. Den französischen Philosophen und Paläontologen hatte der Professor seinen Schülern vorgestellt und dessen Bücher zur Lektüre empfohlen. Pater Jorge lächelt über eine derart ungewöhnliche Anfrage und setzt sich an seine Schreibmaschine, um zu antworten.

»Als ich Euch unterrichtete, war die Welt noch in zwei Blöcke geteilt, mein lieber José. Und genau heute, während ich Dir schreibe, ist das System zusammengebrochen und gescheitert, die Berliner Mauer gibt es nicht mehr!«

Nachdem er den Brief beendet hat, stellt Pater Jorge den Plattenspieler wieder an und macht sich an die Arbeit oder versucht es wenigstens. Seine Gedanken kehren zu den Bildern zurück, die er eben gesehen hat. Eingehüllt in die Wagnersche Musik tauchen vor seinem geistigen Auge wieder die strahlenden Gesichter auf, die Freudentränen und die überschäumende Freude. Und er erinnert sich daran, vor Kurzem die Worte des amerikanischen Präsidenten Ronald Reagan gelesen zu haben, die dieser am 12. Juni 1987 bei seinem Besuch in West-Berlin vor fast fünfzigtausend Menschen am

Brandenburger Tor gesprochen hat: »Diese Mauer wird fallen [...] Ja, quer durch Europa wird die Mauer fallen. Denn sie kann dem Glauben nicht standhalten. Sie kann der Wahrheit nicht standhalten. Die Mauer wird der Freiheit nicht standhalten können.« Während seiner Rede wich Reagan von seinem Manuskript ab und wandte sich direkt an den Generalsekretär der Kommunistischen Partei der Sowjetunion: »Herr Gorbatschow, öffnen Sie dieses Tor. Herr Gorbatschow, reißen Sie diese Mauer nieder.«[XII]

Und die Mauer wurde tatsächlich niedergerissen. Der Wind der Veränderung hatte endlich auch Europa erreicht. Wie ich mich erinnere, schrieb Papst Johannes Paul II. einige Tage nach dem Fall der Mauer einen Brief an die Berliner Bischofskonferenz. Er wandte sich nicht nur an die Bischöfe, sondern an alle Katholiken des Landes mit der Versicherung, dass er sich mit allen Deutschen in christlicher Solidarität verbunden fühle, und fuhr fort: »Ich bete mit Euch zu Gott, dass auf die Fürbitte der Gottesmutter die Hoffnungen der Menschen sich in Gerechtigkeit, Freiheit und innerem wie äußerem Frieden erfüllen. Setzt alles daran, dass Ihr Euch, wenn auch als kleine Herde, mit allen Menschen guten Willens, besonders mit den evangelischen Christen verbindet, um aus der Kraft des Geistes Gottes das Angesicht der Erde in Eurem Land zu erneuern.«[XIII]

Diese Worte sollten nicht ungehört verhallen. Das deutsche Volk nahm sie sich zu Herzen, schlug den Weg in die Zukunft gemeinsam ein, und die Menschen erkannten sich nach der Teilung, die Leid und Tod gebracht hatte, endlich wieder als Brüder und Schwestern. Wie bereits erwähnt, war ich vor allem von den Bildern vor Freude weinender alter Menschen berührt, noch mehr aber brannten sich in mein Gedächtnis die Bilder der durch die Mauer jahrzehntelang getrennten Familien ein, die sich in West-Berlin endlich wieder umarmen konnten. Dass gerade dieser Anblick mir große Freude im Herzen bescherte, liegt wohl daran, dass in meiner Familie mütterlicherseits zu meinem großen Bedauern zwischen Brüdern und Cousins oft Feindschaft herrschte. Vielleicht schlossen meine Mutter und ich aus diesem Grund leicht Freundschaft mit anderen Menschen, beispielsweise mit den Frauen, die uns im Haushalt halfen. Sie waren für mich wie Tanten.

Ich erinnere mich an Berta, eine sechzigjährige Französin. Ihre Tochter war Tänzerin und Prostituierte gewesen und hatte dann einen unserer Nachbarn geheiratet. Auch Berta war in ihrer Jugend in Paris Ballerina gewesen, wahrte aber trotz ihrer Armut und der Probleme mit ihrer Tochter auf einzigartige Weise ihre Würde.

Dann war da Concepción Maria Minuto, die wir Concetta nannten. Drei- oder viermal in der Woche half sie unserer Mutter bei der Wäsche, die noch mit der Hand gewaschen werden musste. An sie erinnere ich mich mit großer Rührung, denn sie schenkte mir eine Medaille der Muttergottes, die ich noch heute an einer Kette am Hals trage. Concetta stammte aus Sizilien, hatte den Zweiten Weltkrieg erlebt und hatte zwei Kinder, eine Tochter und einen jüngeren Sohn. Sie erzählte uns, dass sie vor der Geburt des Sohnes viele Kilometer hatte zu Fuß gehen müssen, um einen Zug zu erreichen, der sie ins Krankenhaus zur Entbindung brachte. Ihre Erzählungen ließen bittere Armut erahnen, aber davon ließ sie sich nicht entmutigen, sondern bewahrte sich den guten Charakter einer einfachen Frau.

Ihr Sohn wollte eines Tages eine eigene Familie gründen, heiratete und blieb in Argentinien, während Concetta und ihre Tochter nach Italien zurückkehrten. Einige Jahre später kamen beide jedoch wieder nach Buenos Aires, als ich in San Miguel war. Als sie mich dort besuchen wollten, wurde mir gemeldet: »Pater, da will Sie eine Señora Concepción Minuto sprechen.« Da ich in diesem Moment sehr beschäftigt war, ließ ich, ohne nachzudenken, ausrichten, ich hätte keine Zeit. Am folgenden Tag bereute ich mein Verhalten und fragte mich: »Warum habe ich mich dieser Frau gegenüber so ablehnend verhalten, die ich seit so vielen Jahren kenne, die aus Italien zurückgekommen ist und auch die Fahrkarte bezahlen musste, um mich in San Miguel zu besuchen?« An diesem Abend versenkte ich mich ins Gebet und bat den Herrn um Verzeihung für mein Verhalten. Einige Jahre später suchte mich ihre Tochter auf, hinterließ aber nur eine Karte mit den Worten: »Ich bin die Tochter von Concetta und wollte Sie grüßen ...« Daraufhin rief ich sie sofort an. Concettas Sohn war in der Zwischenzeit in Buenos Aires Taxifahrer geworden, und ich verschaffte ihm gelegentlich Aufträge. Eines Tages erfuhr ich, dass Concetta im Sterben lag, und konnte ihr in ihren letzten Stunden geistlichen Beistand leisten. Oft denke ich an sie, und wenn ich das Marienmedaillon betrachte, das sie mir geschenkt hat, bete ich für sie.

Gerne erinnere ich mich auch an Señora María de Alsina. Sie war seit geraumer Zeit Witwe, und ihre Tochter trug denselben Namen. Deshalb nannten wir sie *Mari mayor* und *Mari chica*. Die Señora arbeitete als Haushaltshilfe bei einem benachbarten Ehepaar, die beide tagsüber außer Haus waren, weil er als Bankdirektor und sie als Lehrerin arbeiteten. *Mari mayor* war sehr gebildet, sie las Bücher über Philosophie und liebte Opern. Deshalb lud ich sie ab und zu ins Theater ein. Als María im Sterben lag, rief mich unerwartet ihre Tochter an und sagte: »Meine Mama ist im Krankenhaus, es sind ihre letzten Stunden ...« Es war neun Uhr abends und ich eilte sofort zu ihr, um ihr die Krankensalbung zu erteilen. Nach dem Tod ihrer Mutter lebte die Tochter allein, und deshalb schlug meine Schwester María Elena ihr vor, bei ihr zu wohnen.

Wir pflegten stets ein sehr gutes und respektvolles Verhältnis zu den Menschen, die uns im Haushalt halfen, und behandelten sie wie einen Teil der Familie. Meine mütterliche Verwandtschaft dagegen war, wie erwähnt, gänzlich uneins. Meine Mutter hatte fünf Geschwister, die untereinander alle zerstritten waren. Meine Tanten und Onkel habe ich deshalb nur selten gesehen. Eine von ihnen ist von ihrer Tochter in ein Altenheim abgeschoben worden, eine andere habe ich erst als Erwachsener ein einziges Mal getroffen. Diese Zwistigkeiten zu sehen, verletzte mich tief, das muss ich gestehen.

Im Gegensatz zu den Berliner Familien, die bis zum November 1989 durch die Mauer getrennt waren, hatten wir vom Herrn die Gnade erhalten, uns so oft sehen zu können, wie wir wollten, wussten dieses Geschenk Gottes aber nicht zu nutzen. Die Familie ist der erste Ort, wo man zu lieben lernt, und an diesem Grundsatz habe ich stets festgehalten. Wir sind uns aber auch darüber im Klaren, dass jeder Familie ein Kreuz auferlegt ist, denn der Herr sieht auch diesen Weg vor. Es gibt Missverständnisse und Schwierigkeiten, die nur durch Liebe aus dem Weg zu räumen sind. Hass dagegen versperrt diesen Weg. Auch aus diesem Grund haben mich die Bilder von Geschwistern, Cousins und Cousinen, die sich an der Grenze zwischen Ost und West in die Arme fielen, so tief bewegt. Durch die Liebe hatten sie auch diese Art der Trennung überwunden, während wir das in meiner Familie nicht geschafft hatten.

Der Bericht über den Fall der Mauer war eine der letzten Gelegenheiten, bei denen ich fernsah. Im folgenden Jahr wurde ich nach Córdoba geschickt, um die geistliche Führung der dortigen Jesuiten zu übernehmen. Kurz vor meiner Abreise saß ich an einem Winterabend, es war der 15. Juli 1990, mit meinen Mitbrüdern im Freizeitraum vor dem Fernseher. Die Szenen, die wir sahen, waren, gelinde gesagt, nichts für empfindliche Gemüter, jedenfalls nichts, was dem Herzen guttut. Natürlich nichts Gewagtes, Gott bewahre, und dennoch dachte ich auf dem Weg zurück in mein Zimmer bei mir: »Ein Priester sollte solche Dinge nicht sehen ...« Deshalb schwor ich mir am nächsten Morgen in der Messe zum Fest der *Virgen del Carmen*, nie mehr fernzusehen. Seitdem erlaube ich mir nur in ganz seltenen Fällen eine Ausnahme, zum Beispiel bei der Amtseinführung des italienischen Staatspräsidenten oder einmal habe ich ganz kurz eingeschaltet, als es ein Flugzeugunglück gegeben hatte. Und als ich in der Poliklinik Gemelli in Rom lag, habe ich im Fernsehen die Sonntagsmesse verfolgt. Die Krönungsfeierlichkeiten für Charles III. in England hingegen oder andere für die Welt wichtige Ereignisse habe ich mir nicht angesehen. Nicht aus Desinteresse, sondern weil ich es geschworen hatte.

Ein Jahr, zehn Monate und dreizehn Tage, bis zum Mai 1992, blieb ich in Córdoba. Ich empfand diesen Aufenthalt als sehr lang und düster. Ich erlebte diese Zeit meines Lebens in meinem Herzen als Niederlage, weil ich nicht verstand, warum ich von meinen Vorgesetzten dorthin geschickt worden war. Dennoch war ich der Entscheidung gehorsam nachgekommen. Währenddessen setzte in Europa eine neue bedeutende Phase der Geschichte ein.

IX.

DIE GEBURT DER EUROPÄISCHEN UNION

Die Residencia Mayor der Jesuiten liegt schlafend da, die Lichter in den Zimmern sind aus, noch hat die Glocke die Mitbrüder nicht zu den Laudes und zur Messe geweckt. Alles schlummert an diesem Morgen um halb fünf. Auch außerhalb des riesigen Gebäudes aus Steinen und Beton mit seinem von Weinreben und Avocadobäumen umstandenen Innenhof ist keine Menschenseele zu sehen. Auf der Calle Caseros, einer der verkehrsreichsten Straßen Córdobas – etwa siebenhundert Kilometer von Buenos Aires entfernt – herrscht noch immer Stille, durchbrochen einzig vom Lärm der Kehrmaschinen der städtischen Straßenreinigung. In der Ferne wird ratternd ein Rollladen hochgezogen: Es ist der von Gonzalo, dem Bäcker des Viertels, der sein Tagwerk beginnt.

Zu dieser frühen Stunde in diesem heißen Sommer 1992 brennt nur ein einziges Licht in der Jesuitenresidenz, und zwar schon seit einer Weile: das in der Küche. Pater Jorge, dessen Wecker normalerweise um halb fünf klingelt, ist heute früher aufgestanden als sonst. Nach dem Gebet hat er sich im Gemeinschaftsbad am Ende des Korridors frisch gemacht, danach ist er in seine im Erdgeschoss liegende, zwölf Quadratmeter große Zelle zurückgekehrt, um schnell in die schwarze Kutte zu schlüpfen, die Schuhe zu polieren und hinauszuhasten. Er hat kurz gebraucht, um die Ärmel hochzukrempeln, die weiße Schürze umzubinden und sich an den Herd zu stellen. Dies ist jedoch keine Alltäglichkeit, sondern ein Ausnahmefall: Der ehemalige Provinzial und Ex-Direktor des Colegio Máximo befindet sich seit fast zwei Jahren dort im Exil, auf Geheiß der argentinischen Führungsspitze der Gesellschaft Jesu. Nach zwölf Jahren voller wichtiger Aufgaben im Orden hielten es die neuen Oberen für angebracht, Pater Jorge aufs Abstellgleis zu schieben, und seither bestimmen die Stille und das Gebet seinen Tagesrhythmus. Doch ein Teil seiner Zeit ist auch der Beichte – manche Büßer kommen sogar von außerhalb der Stadt –, dem Schreiben und dem Studium gewidmet. Außerdem geht er den älteren Mitbrüdern zur Hand, hilft in der Wäscherei und gönnt sich, wenn auch selten, ab und an einen Spaziergang außerhalb der Residenz, um die Kirche der Unbeschuhten Karmeliten oder die Basilika Nuestra Señora de la Merced zu besuchen.

An diesem Hochsommermorgen hat er stattdessen beschlossen, Ricardo und Irma zu helfen: Ricardo ist der gute Geist der Residenz, den er schon als kleinen Jungen kannte, Irma ist Köchin und Ricardos Cousine. Sie sind noch nicht aufgetaucht, aber Pater Jorge hat sich trotzdem schon einmal an die Arbeit gemacht, weil das Essen für die Hochzeit von Alejandra, Ricardos Nichte, vorbereitet werden muss. Die beiden waren tags zuvor in großer Sorge, dass sie das Menü für das kleine Hochzeitsbankett im Familien- und Freundeskreis nicht hinbekommen würden. Und so hat sich der fünfundfünfzigjährige Bergoglio angeboten, das Fleischgericht und einen

Reisauflauf vorzubereiten. Das Kalbfleisch hat er bereits in zwei großen Töpfen angeschmort, nun schält er Kartoffeln. Nachdem er eines der höchsten Ämter seines Ordens in Argentinien innehatte, scheint der Jesuit nun zu den Wurzeln seiner Berufung zurückgekehrt zu sein: Er befindet sich in einem seltsamen Moment der kritischen Lebensbetrachtung, der Introspektion, fernab von allen, in Abgeschiedenheit. Böse Zungen behaupten gar, er leide an einer psychischen Erkrankung. Ein paar Jesuiten streuen Gerüchte und befeuern damit eine Verleumdungskampagne gegen ihn: »Bergoglio ist verrückt«, sagen sie, aber die Wahrheit ist eine andere.

Schließlich, um halb sechs, erscheint auch Ricardo; er wohnt zwar in der Residenz, war aber bereits, wie jeden Morgen, draußen, um an einem Kiosk in der Nähe die Tageszeitung *La Nación* zu kaufen, die später im Lesesaal ausliegen wird. Er hat Pater Jorge einige Zutaten für das Essen mitgebracht: Reis und Joghurt für den Reisauflauf, den dieser gemeinsam mit Irma zubereiten will. Da der Jesuit die Zeitung schon einmal zur Hand hat, wirft er auch einen kurzen Blick hinein. Er verweilt kurz bei der argentinischen Politik, doch dann entdeckt er in den Auslandsnachrichten einen Artikel zur Unterzeichnung des Maastrichter Vertrags am 7. Februar. Das von zwölf Staaten* getragene Vertragswerk stellt gewissermaßen die Geburtsurkunde der Europäischen Union dar. Das Dokument, das im November 1993 in Kraft treten wird, legt den Grundstein für eine Wirtschafts- und Währungsunion, es sieht die Institution einer Zentralbank, einer europäischen Staats-

* Belgien, Dänemark, Deutschland, Frankreich, Griechenland, Irland, Italien, Luxemburg, die Niederlande, Portugal, Spanien und das Vereinigte Königreich [A.d.Ü]

bürgerschaft und nicht zuletzt eine Ausweitung der Machtbefugnisse des Europäischen Parlaments vor.

Pater Bergoglio überfliegt den Text nur, er ist zu sehr mit den Essensvorbereitungen beschäftigt, hat nicht viel Zeit für den langen Kommentar. Nachdem sein Blick über die ersten Zeilen gehuscht ist, schließt er die Zeitung und stellt sich wieder an den Herd.

Ich muss gestehen, dass ich mich anfangs nicht lange mit dieser Nachricht aus dem fernen Europa aufhielt. Ich schenkte ihr keine große Beachtung, unterschätzte sie wohl ein wenig. Später beschäftigte ich mich eingehender mit ihr, und ich muss sagen, dass sie mir, als ich genauer las, was der Vertrag vorsah, sehr gefiel. Die Geburt der Europäischen Union gehört für mich zu den schönsten politischen Projekten, die zuwege gebracht wurden. Die zwölf unterzeichnenden Länder hatten den Schlüssel zu einer erfolgreichen Umsetzung der Subsidiarität entdeckt, wie sie die Väter des europäischen Einigungsprozesses im Sinn gehabt hatten. Wie ein französischer Jesuit, Pater Pierre de Charentenay, betont hat, verkörpert die Union auf europäischer Ebene das, was die Kirche in ihren Dokumenten – so zum Beispiel in den Sozialenzykliken von Johannes XXIII., *Mater et magistra*, und Benedikt XVI., *Caritas in veritate* – auf weltweiter Ebene verlangt: die Existenz einer Autorität mit vielfachen Kompetenzen, die dem Abdriften in Nationalismen entgegenwirken kann.

Auch daher sind die Christen, heute mehr als früher, aufgerufen, ihren Beitrag zu Europa zu leisten. Sie können das auf zweierlei Weise tun: erstens, indem sie sich daran erinnern, dass Europa nicht aus Zahlen, sondern aus Menschen besteht; immer öfter ist nur noch von Zahlen, Quoten, Wirtschaftsindikatoren, Armutsgrenzen die Rede anstatt von Bürgerinnen und Bürgern, Migrantinnen und Migranten, Arbeiterinnen und Arbeitern oder von Armut Betroffenen. Alles wird auf abstrakte Begriffe reduziert, damit man auf politischer Ebene ungestört regieren kann, ohne jene, die zuhören, ständig in Alarmstimmung und Sorge zu versetzen. Doch wenn man nicht klar und deutlich von Menschen spricht, die ein Herz und ein Gesicht haben, bleibt Politik seelenlos.

Einen weiteren Beitrag können die Christen leisten, indem sie den Gemeinschaftssinn wiederentdecken. Das ist das wahre Gegenmittel gegen die Individualismen, gegen die vor allem im Westen weitverbreitete Tendenz, sich immer mehr der Gemeinschaft zu entziehen, und der Vereinsamung Vorschub zu leisten. Es ist schlimm, wenn dies zu einer Gesellschaft ohne Zugehörigkeitsgefühl und gemeinsamem Erbe führt. Wir sehen das auch, wenn wir uns mit der Frage der Migration befassen: Es scheint, als gäbe es zwei Europas, eins mit ein paar Ländern, die glauben, sie könnten hervorragend damit leben, nur auf sich selbst zu schauen und eins mit den restlichen Mitgliedstaaten – wie zum Beispiel den Mittelmeeranrainern Italien, Malta, Spanien, Griechenland und Zypern –, die in Notsituationen oft sich selbst überlassen bleiben. Das ist kein gemeinschaftliches Handeln, sondern ein Individualismus, der einzig zur Selbstzerstörung führen kann. Es ist unerlässlich, dass alle, von Nord bis Süd, ihren Teil dazu beitragen, Migranten aufzunehmen, sie zu unterstützen und zu integrieren.

Wer im Alleingang unterwegs ist, befördert auch eine emotionale Entfremdung der Bürgerinnen und Bürger von den europäischen Institutionen, die als weit weg und unempfänglich für die Bedürfnisse des Einzelnen wahrgenommen werden. Europa ist vor allem eine Staaten- und Völkerfamilie. Daher müssen die zentralen Organe der EU die Bedürfnisse eines jeden Landes berücksichtigen, indem sie seine jeweilige Identität respektieren und ihm unter die Arme greifen, wenn es auf irgendeinem Gebiet Unterstützung braucht.

Um noch einmal auf den Vertrag von Maastricht zurückzukommen: In dem Artikel, den ich in *La Nación* las, erinnerte sein Verfasser daran, dass Europa nach dem Fall der Berliner Mauer nun geeint werden müsse, denn so habe es mehr Kraft, um alle Konflikte zu überwinden und die aus dem Zweiten Weltkrieg hervorgegangene Trennung zu beenden. In jener Phase meines Lebens war meine Aufmerksamkeit indes auf ganz andere Konflikte, nämlich auf die in meinem Inneren, in meinem Herzen, gerichtet.

Ich war bereits im Jahr 1958 als Novize in Córdoba gewesen, im Instituto Sagrada Familia im Viertel Pueyrredón. Zu meinen Aufgaben zählte damals nicht nur, mich um einige Ältere zu kümmern, sondern auch, die Kinder aus den ärmsten Vierteln rund um das Krankenhaus Tránsito Cáceres de Allende samstagnachmittags und sonntagvormittags zum Kommunionunterricht zu versammeln. Wir trafen uns im Innenhof des Hauses der Familie Napoli, einer großherzigen Familie mit sizilianischen Wurzeln. Die

Eheleute hatten zwei Kinder, die gemeinsam mit den anderen Kleinen, insgesamt waren es ungefähr zehn, jedes Wochenende unter einem Baum des Patio saßen, um im Glauben unterrichtet zu werden; am Ende verteilte ich hin und wieder Bonbons und wir spielten eine Partie Fußball. Ich war nie ein guter Fußballer, als kleiner Junge musste ich immer im Tor stehen, weil meine Mannschaftskameraden sagten, ich hätte Holzbeine, aber das hier sollte einfach dazu dienen, dass sie ein bisschen Spaß hatten und Freundschaft schlossen. In der Woche darauf stellte ich ihnen dann ein paar Fragen zu den bereits besprochenen Themen und schenkte ihnen, wenn sie richtig antworteten, ein Heiligenbildchen oder ein kleines Marienmedaillon. Manchmal brachte ich ihnen auch ein paar der populären italienischen Lieder bei, die mein Vater, als wir noch klein waren, zu Hause gehört hatte und die ich daher auswendig konnte. Ich erinnere mich zum Beispiel an »O sole mio« oder »Dove sta Zazà« oder auch an »Torna Piccina«, allesamt Kassenschlager, die in den 1940er-Jahren von den Italienern, die in Buenos Aires lebten, rauf und runter gehört wurden.

Als ich 1990 abermals nach Córdoba geschickt wurde, *en destierro*, in die Verbannung, war die Lage eine vollkommen andere. Ich hatte die argentinische Provinz der Jesuiten geleitet, ich hatte dort verantwortungsvolle Aufgaben übernommen, und nun war ich wieder ein einfacher Beichtvater: ein schönes und wichtiges Amt.

In dieser Zeit überwog die Dunkelheit, ein Schatten, der mich dazu brachte, an mir zu arbeiten und diese Situation in eine Gelegenheit der inneren Reinigung zu verwandeln.

In jenen Momenten war die ignatianische Spiritualität mein Leuchtturm, doch ich glaube auch fest daran, dass der Herr mir die Erfahrung dieser Zeit der Krise gewährt hat, um mich auf die Probe zu stellen und mir besser ins Herz blicken zu können. In diesen knapp zwei Jahren dachte ich viel über meine Vergangenheit nach, über meine Zeit als Provinzial, über die Entscheidungen, die ich egoistisch und aus dem Bauch heraus getroffen hatte, über die Irrtümer, die ich wegen meines autoritären Gehabes begangen hatte, sodass man mir schließlich vorgeworfen hatte, ultrakonservativ zu sein.

Ich bin daher mehr und mehr zur Überzeugung gelangt, dass diese Jahre der Stille, dort in der Zelle Nummer fünf der Residenz in Córdoba, dazu dienten, endlich zu begreifen, wie man gelassen in die Zukunft schaut. Manche haben das, was in dieser dunklen Phase meines Lebens geschah, im Lauf der Zeit etwas aufgebauscht: Jemand hat gar von Mobbing mir gegenüber gesprochen, von Telefonaten, die nicht an mich durchgestellt wurden, oder Briefen, die nicht an mich weitergeleitet wurden. Das stimmt nicht, es wäre unrecht zu behaupten, dass dem so war. Andere dachten, es sei für mich demütigend, mich in diesem Alter noch um meine kranken Mitbrüder zu kümmern, sie zu waschen und an ihrer Seite zu schlafen, um ihnen Beistand zu leisten, oder in der Wäscherei zu helfen. Für mich aber war das alles selbstverständlich, und ich glaube auch, dass dies ein wichtiger Abschnitt im Leben eines jeden ist, der Christus wirklich begegnen will. Sich in den Dienst der Schwächsten, der Armen, der Letzten stellen, das ist es, was jeder Mann Gottes tun sollte, vor allem, wenn er an der

Spitze der Kirche steht. Er sollte ein nach seinen Schafen riechender Hirte sein.

Wahr hingegen ist, dass ich in dieser Zeit sehr verschlossen und leicht deprimiert war: Den Großteil meiner Zeit verbrachte ich in der Residenz, ging kaum aus. Ich hatte viel Freizeit, und wenn ich nicht die Beichte abnahm, vertiefte ich mich ins Studium, las für meine Doktorarbeit die Schriften von Papst Johannes Paul II. und die Bücher des damaligen Kardinals Joseph Ratzinger, ackerte mich durch nahezu die gesamte Geschichte der Päpste aus der Feder des Historikers Ludwig von Pastor. Und so, wie die Dinge in meinem Leben gelaufen sind, muss ich sagen, dass sich diese Lektüre wirklich gelohnt hat!

In diesen Jahren schrieb ich zwei Bücher: *Reflexiones en esperanza* (Reflexionen über die Hoffnung) und *Korruption und Sünde*. In Letzterem, das von einem Artikel des Journalisten Octavio Frigerio mit dem Titel *Corrupción, un problema político* (Korruption, ein politisches Problem) inspiriert ist, gibt es eine Passage, die mich bei der neuerlichen Lektüre nach so langer Zeit an einige Skandale hat denken lassen, in die auch die europäischen Institutionen verwickelt waren: »Wenn zum Beispiel ein Korrupter an der Ausübung der Macht teilhat, wird er immer andere in sein korruptes Verhalten mit einbeziehen, sie auf *sein Maß herunterziehen* [...] die Korruption riecht nach Fäulnis [...] Der Korrupte bemerkt seine Korruptheit nicht. Es geschieht das Gleiche wie beim schlechten Atem: Derjenige, der ihn hat, kann ihn nur schwer wahrnehmen, es sind die anderen, die ihn spüren und es ihm sagen müssen. So kann sich auch der Korrupte nur schwer durch innere Gewissensbisse aus seiner Lage befreien. Die gute Luft wird in seiner Gegenwart *anästhesiert.*«[XIV]

Der Monat Mai hat begonnen. Nach dem Mittagessen im Refektorium begibt sich Pater Jorge in den ersten Stock, um sich wie immer am frühen Nachmittag vor der kleinen Statue des heiligen Joseph mit dem Kinde ins Gebet zu versenken. Er legt die Hand auf die Glasscheibe, die die Figur des Heiligen schützt, und senkt das Haupt. Die Mitbrüder, die treppauf, treppab gehen, sehen ihn dort, unbeweglich, ins Gebet vertieft, völlig losgelöst von allem Irdischen. Wieder zurück in seiner Kammer, holt er die Schreibmaschine aus dem Schrank und will sich gerade an den Schreibtisch setzen, da informiert ihn die Klingel über den Morse-Code kurz-lang-kurz, dass ein Anruf auf ihn wartet. Er geht zur Kabine mit dem Telefonhörer, und man stellt ein Eilgespräch aus Buenos Aires an ihn durch: Es ist der Apostolische Nuntius, Erzbischof Ubaldo Calabresi. Pater Jorge ist kein bisschen überrascht, denn die beiden sprechen oft miteinander. Der Nuntius holt sogar regelmäßig seinen Rat ein, wenn es um die Nominierung möglicher neuer Bischöfe geht. Diesmal jedoch will der hochgestellte Prälat nicht lange telefonieren, er will den Jesuiten persönlich treffen. Und zwar am Flughafen von Córdoba, wo er vor seiner Rückkehr in die Hauptstadt einen Zwischenstopp einlegen wird.

»Ich werde da sein, Exzellenz …«, versichert ihm der Priester. Und legt auf.

Pater Bergoglio muss sich sputen, um pünktlich zu der Verabredung zu erscheinen, doch bevor er sich auf den Weg zum Bus macht, der ihn zum Flughafen bringen wird, nimmt er sich noch Zeit für einen kurzen Moment in der Capilla Doméstica, der Hauskapelle, in der er täglich den Rosenkranz betet, um ein Gebet an die Muttergottes von Fátima zu richten. Es ist nämlich der 13. Mai, der Tag, an dem die Kirche der ersten Erscheinung der heiligen Jungfrau vor drei portugiesischen Hirtenkindern im Jahr 1917 gedenkt. Dann geht er noch schnell im Lesesaal vorbei und schnappt sich eine der ausliegenden Tageszeitungen, als Lesestoff für die lange Busfahrt, die Mitbrüder werden gewiss nichts dagegen haben: Es liegen noch weitere Zeitungen aus, und abgesehen davon wird er sie rechtzeitig zurücklegen, falls sie noch jemand nach dem Abendessen durchblättern will.

Als er schließlich im Bus sitzt, neben einer Frau, die ihr Kind stillt, öffnet der Jesuit neugierig die Zeitung und bleibt am Foto von Königin Elizabeth II. hängen, die tags zuvor, am 12. Mai 1992, nach der Unterschrift des Maastrichter Vertrags eine historische Rede vor dem Europäischen Parlament in Straßburg gehalten hat. Der Artikel gibt die Worte der britischen Monarchin in Ausschnitten wieder, und Pater Jorge beginnt interessiert zu lesen: »Wir alle versuchen, die reiche Vielfalt der europäischen Länder zu erhalten, denn wenn diese Vielfalt unterdrückt wird, werden wir Europa schwächen und nicht stärken. Entscheidungen müssen, soweit es mit ihrem Erfolg vereinbar ist, so bürgernah wie möglich getroffen werden, aber gleichzeitig müssen wir die Fähigkeit der Europäer stärken, auf einer europäischen Basis zu handeln, wenn die Natur eines Problems nach einer europäischen Antwort verlangt. Das war das notwendige Gleichgewicht, das in Maastricht gefunden wurde. Ich stehe heute hier und weiß sehr wohl um die nationalen Unterschiede der parlamentarischen Traditionen innerhalb der Gemeinschaft. Die britischen Abgeordneten haben zweifellos den energischen Ton der Westminster-Debatten in die Beratungen dieser Versammlung mitgebracht: einen Stil, der konfrontativ sein kann, wie manche meiner Vorfahren fanden! Unterschiedliche Stile und Meinungen sind belanglos angesichts des erwiesenen Engagements der heutigen Europäer für Versöhnung und Demokratie. Weit besser die harten Diskussionen und Kontroversen einer ehrlichen Debatte, denen dieses Parlament ein Forum bietet, als eintönige Uniformität.«

Königin Elizabeth hatte in ihrer Rede vollkommen recht: Eine der Aufgaben Europas, die sich in diesen Jahren abzuzeichnen begann, lautete eben, die Vielfalt der unterschiedlichen Länder zu erhalten und zu fördern. Das Projekt war ehrgeizig und folgte dem Traum der Gründerländer der Europäischen Union, die von einem harmonischen Miteinander der Unterschiede träumten.

Bei meiner Reise nach Budapest im April 2023 traf ich mit Mitgliedern der Regierung, Vertretern der Zivilgesellschaft und dem diplomatischen Corps zusammen; bei dieser Gelegenheit sprach ich, an meine Rede vor dem Europaparlament in Straßburg erinnernd, eben von der Notwendigkeit, dass Europa keine Geisel der Parteien, kein Opfer autoreferentieller Populismen sein darf und dass es sich zugleich aber auch nicht in eine zerfließende Realität verwandeln dürfe, die das Leben der Völker vergisst. Ich sprach von dem Erfordernis einer Harmonie, in der sich alle Teile gut in das Ganze integriert fühlen, dabei aber ihre

Identität bewahren; jedes Volk besitzt seinen eigenen Reichtum, seine eigene Kultur und Philosophie und muss die Möglichkeit haben, diesen Reichtum, diese Kultur und diese Philosophie bewahren zu dürfen, indem es sich in seiner Unterschiedlichkeit anpasst. Das Problem ist, dass das heute nicht mehr geschieht, der Traum der Gründerväter scheint inzwischen in weite Ferne gerückt. Und wenn ich das gerade in Budapest zur Sprache gebracht habe, dann vor allem, weil ich hoffe, dass diese Worte sowohl vom ungarischen Premierminister Viktor Orbán gehört werden, damit er begreift, wie notwendig Einheit ist, als auch von Brüssel – das offenbar alles vereinheitlichen will –, damit es die ungarische Einzigartigkeit respektiert.[XV]

Von dieser Notwendigkeit hatte auch schon Johannes Paul II. in einer denkwürdigen Rede vor dem Europaparlament im Jahr 1988, also noch vor dem Fall der Berliner Mauer, gesprochen. Er führte den Gedanken in aller Klarheit aus und fügte hinzu, die Europäer müssten einander akzeptieren, auch wenn sie von unterschiedlichen kulturellen Traditionen und geistigen Strömungen geprägt seien; zudem müssten sie fremde und geflüchtete Menschen aufnehmen und sich damit den geistigen Reichtümern der Völker aus anderen Kontinenten öffnen.

Das ist eine christliche Vision, die es uns erlaubt, in der Geschichte Europas eine ständige Begegnung zwischen Himmel und Erde zu entdecken, wobei der Himmel auf die Hinwendung zum Transzendenten, zu Gott, verweist, die schon immer kennzeichnend für das europäische Volk war. Die Erde dagegen steht für seine praktische und konkrete Fähigkeit, Situationen und Probleme zu meistern.

Die Zukunft Europas – des müden und sterilen alten Europas – hängt davon ab, ob es entdeckt, wie diese beiden Elemente existenziell zusammenhängen. Ein Europa, das nicht mehr in der Lage ist, sich der transzendenten Dimension des Lebens zu öffnen, ist ein Europa, das allmählich seine Seele zu verlieren droht und noch dazu jenen *humanistischen Geist*, den es liebt und verteidigt.

Die heutige Europäische Union muss aus der Lethargie erwachen, sie muss einen neuen Humanismus hervorbringen, der auf drei Fähigkeiten basiert: integrieren, miteinander reden und erschaffen. Schließlich ist der alte Kontinent, wenn nötig, in der Lage, von vorn zu beginnen. Er hat es nach dem Zweiten Weltkrieg bewiesen, als alles neu aufgebaut werden musste. Und es gelang ihm, weil die Hoffnung in den Herzen derer, die dieses neue politische Konstrukt gründeten und dabei alle Menschen in den Mittelpunkt stellten, niemals erlosch. In diesem Zusammenhang müssen wir unbedingt daran denken, Menschen heranzubilden, die die Zeichen der Zeit lesen und das europäische Projekt im Kontext der Geschichte von heute deuten können. Andernfalls wird nur das technokratische Paradigma triumphieren, das keine Anziehungskraft auf die neuen Generationen ausübt und damit das Ende dieses Projekts besiegeln wird.

Doch zurück zu jenem Nachmittag des 13. Mai 1992. Mein Bus war endlich am Flughafen von Córdoba angekommen, erstaunlicherweise ein bisschen zu früh. Was während meines Treffens mit dem Nuntius Calabresi, einem großartigen Mann, dem ich viel verdanke, geschah, ist inzwischen wohl hinlänglich bekannt. Anfangs sprach er über alles Mögliche und stellte mir eine Reihe von Fragen zu den unterschiedlichsten Themen. Doch dann, völlig unvermittelt, als er schon auf dem Weg zum Gate war, um an Bord zu gehen, verkündete er mir die Neuigkeit, die mein Leben verändern sollte: »Ich wollte Ihnen mitteilen, dass Sie von Johannes Paul II. zum Weihbischof von Buenos Aires ernannt wurden und dass die Ernennung in sieben Tagen, am 20. Mai, öffentlich bekanntgegeben wird. Doch bitte, kein Wort zu irgendjemandem.«

Er hatte mich völlig überrumpelt: Ich stand regungslos da, stumm wie ein Fisch, wie immer, wenn mir etwas Unerwartetes mitgeteilt wird. Das passiert mir noch heute! Jedenfalls wahrte ich, der Bitte des Apostolischen Nuntius folgend, Stillschweigen, angefangen beim Abendessen dieses Tages im Refektorium mit dem Obersten und meinen Mitbrüdern. Die Nachricht blieb tatsächlich bis zu ihrer Veröffentlichung geheim. Kardinal Antonio Quarracino, der Erzbischof von Buenos Aires, den ich einige Jahre zuvor hatte kennenlernen dürfen, als ich die spirituellen Exerzitien leitete und er noch Erzbischof von La Plata war, hatte mich als engen Mitarbeiter an seiner Seite gewünscht, und so wurde ich einer der vier von ihm ausgewählten Weihbischöfe.

Nach der Bischofsweihe in der Kathedrale der Stadt, gegenüber der Plaza de Mayo, entsandte mich der Erzbischof nach Flores, in das Viertel meiner Kindheit, wo ich aufgewachsen war und wohin ich nun, im Alter von fünfundfünfzig Jahren, als Seelsorger zurückkehrte. In mir herrschte große Freude, meine dunkle Zeit wurde zur Erinnerung. Der Herr wollte, dass ich neue Wege ging, an der

Seite des Volkes, und den Familien, die in den *villas miserias* lebten und am dringendsten Zuwendung brauchten, das Wort und den Trost Christi brachte.

In diesen Jahren lernte ich auch Pater Pepe Di Paola kennen, einen Priester, der seiner Berufung gefolgt war und eben dort in den Slums wirkte. 1994, als ich bereits zum Generalvikar ernannt worden war, schickte ich ihn als Seelsorger nach Ciudad Oculta und einige Jahre später nach Villa 21, eins der größten Elendsviertel von Buenos Aires. Er kümmerte sich um die Kinder und die indigene Bevölkerung, und ich weiß noch, dass ich ihn oft besuchte, weil es für mich, wie ich bereits erwähnte, seit jeher von elementarer Bedeutung war, dass sich der Hirte unter seine Schafe mischt. Wenn Not am Mann war, vielleicht, weil ein anderer Priester erkrankt war, half ich aus, indem ich die Messe las oder die Beichte abnahm. Ebenso versuchte ich, regelmäßig an den von den *curas villeros*, den Armenpriestern aus den Slums, die von Pater Pepe koordiniert wurden, organisierten Prozessionen teilzunehmen, und zwar in der Mitte dieser Menschen, die auf der Suche nach Jesus waren. Der Glaube des Volkes ist das Immunsystem der Kirche!

Diese Momente zählen zu den schönsten meines Lebens: In diesen staubigen Gassen habe auch ich den Herrn gefunden, der mir auftrug, diese armen Seelen nicht allein zu lassen. Sie teilten ihre Geschichten, wenn ich ihren Einladungen folgte und bei ihnen zu Hause eine Tasse Mate trank oder mit ihnen plauderte wie mit alten Freunden. Die Geschichten waren selten lustig. Ich habe viele Tränen vergossen, weil diese Menschen im tiefsten Elend leben, in

Hütten aus Backsteinen und Wellblech, umgeben von streunenden Hunden, ohne Trinkwasser. In den ärmlichen Gegenden herrschten Kriminalität und Drogenhandel. Die Kinder sind sich selbst überlassen, und schon die Kleinsten unter ihnen werden in Drogengeschäfte verwickelt. Die Präsenz der Kirche war also von fundamentaler Bedeutung, und sie ist auch heute noch notwendig, um Präventionsarbeit zu leisten und vor allem die Kleinsten auf den Weg in eine helle Zukunft zu lenken, weit weg von den Übeln, die die Seele verderben. Wie wichtig ist doch die Arbeit der Kirche in den Vorstädten, besonders wenn der Staat abwesend ist! Priestern und Nonnen gelingt es, durch ihre Anwesenheit einen Unterschied zu machen und vor allem Kindern dabei zu helfen, auf den rechten Weg zu kommen, damit sie nicht in immer weitere Abwärtsspiralen geraten, die ihr Leben für immer zerstören würden. Wenn man diesen Menschen mit Geduld und Offenheit begegnet und ihnen zuhört, den Eltern, die sich in einer Krise befinden, den Kindern, die auf der Straße leben, kann sich die Lage zum Besseren wenden. Ich habe es selbst erlebt, habe Hunderten von Menschen, die im wahrsten Sinne des Wortes an den Rändern der Gesellschaft leben, zugehört und mit ihnen gesprochen und tue es heute noch.

Ein paar Jahre später, 1997, überraschte mich der Apostolische Nuntius ein zweites Mal: Gegen Ende eines Mittagessens in größerer Runde ließ er eine Torte und eine Flasche Champagner bringen, um mit uns anzustoßen. Ich fragte ihn, ob er Geburtstag habe. »Nein«, sagte er, »mein Geburtstag ist wann anders. Das ist für Sie!« Wieder einmal war ich völlig verdattert, begriff nicht. Also fügte er hinzu: »Ab dem 3. Juni sind Sie der neue Erzbischof-Koadjutor von Buenos Aires.«

Praktisch wurde mir damit das Recht auf die Nachfolge des Erzbischofs verliehen, wenn er sein Amt altersbedingt abgeben würde. Leider starb Kardinal Quarracino einige Monate nach meiner Ernennung, noch bevor er fünfundsiebzig geworden war, dem kanonischen Alter, um seinen Rücktritt einzureichen, am 28. Februar 1998, und so fand ich mich plötzlich an der Spitze der großen Erzdiözese der argentinischen Hauptstadt wieder.

Ich habe dieser schwierigen Aufgabe die höchste Priorität gegeben: im Dienste des argentinischen Volkes zu stehen, besonders derjenigen, die von größtem Elend und Armut betroffen sind. Es war gleichzeitig herausfordernd, aber auch ein großes Geschenk, das Evangelium den Mächtigen zu bringen, die oft taub dafür sind, weil sie von anderen Interessen und einer zunehmend »flüssigen Gesellschaft«[XVI] abgelenkt sind, als auch den Letzteren, den Lieblingen des Herrn, deren Augen sich nach Liebe sehnen und deren ohrenbetäubendes Schweigen mich so viel gelehrt hat. Wie viele faltige und verwundete Hände von hungrigen Menschen, die tagelang mit keinem Essen in Berührung gekommen waren, hielt ich während dieser Zeit. Hände, die stahlen, um ihre Kinder ernähren zu können. Hände, die nach Hilfe suchten, um ihr Leben zu verändern. Ich streichelte die Gesichter junger und alter Menschen, die, bar jeder Hoffnung, am Straßenrand zurückgelassen worden waren. Gesichter von Frauen, denen man ihre Würde genommen hatte, Gesichter von verängstigten Vätern und von Müttern, die von Gleichgültigkeit gequält wurden. Gesichter von Jungen und Mädchen, für die es keine Zukunft gab. Und in all diesen Gesichtern habe ich immer den einen Retter gefunden, Jesus Christus, der der Weg, die Wahrheit und das Leben ist.

Es ist ein Geschenk, jeder muss es erfahren, jeder muss es versuchen: Machen wir uns die Hände schmutzig, geben wir unserem Leben einen Sinn, indem wir Gott unter den Armen suchen, ihre Hände berühren, ihnen in die Augen schauen. Wenn wir uns unter die unsichtbaren Menschen in unseren Städten mischen, sie willkommen heißen und unterstützen, wird uns das selbst von Nutzen sein, und unser eigenes Leben wird sich verbessern! Auch jetzt, wo ich als Papst weit weg von den Straßen Argentiniens lebe, weiß ich, dass dies, zusammen mit dem Gebet, die einzige Möglichkeit ist, jeden Tag die Gegenwart des Herrn zu spüren: nur ein Mittagessen mit den Armen, nur eine Begegnung, ein Blick, um die nötige Kraft zu finden, um voranzukommen!

Da ich wusste, dass Buenos Aires ein Erzbistum mit Kardinalstradition war, stellte ich mich auch auf die Kardinalswürde ein; und so kam es. Im Jahr 2001 beschloss Johannes Paul II. zusammen mit dreiundvierzig anderen Brüdern, mich zum Kardinal zu ernennen. Eine weitere neue Entwicklung, die ich ehrfürchtig, im Gebet, annahm, in der Gewissheit des Evangeliums, dass jedem Aufstieg ein Abstieg innewohnt. Das Konsistorium fand am 21. Februar auf dem Petersplatz in Rom statt. Niemand von uns konnte ahnen, dass die gesamte Welt schon bald darauf wegen der Terroranschläge in den USA am 11. September aus den Fugen geraten würde.

X.

DIE TERRORANSCHLÄGE VOM 11. SEPTEMBER

Im Erzbischöflichen Ordinariat herrscht ein ständiges Kommen und Gehen von Angestellten, Reinigungspersonal, Technikern, Bediensteten, Priestern, Schwestern. Einige arbeiten schon seit halb acht in der Früh, andere kommen erst jetzt zum Dienst, weil sie Spätschicht haben. Es ist ein Tag wie jeder andere in der Avenida Rivadavia. Vor dem Gebäude parkt ein Lastwagen, aus dem Kartons mit Büroartikeln ausgeladen werden, drinnen steht ein Elektriker auf der Leiter und wechselt die durchgebrannten Glühbirnen in einigen Büros der Kurie aus.

Unter diesen Büros ist auch das der Señora Otilia, der Sekretärin des Erzbischofs, die, zwischen einer Zigarette und der nächsten, mit einem Ohr dem Techniker zuhört und zugleich auf eventuelle Anrufe aus dem Zimmer des Erzbischofs wartet. Die Frau ist etwas nervös, weil sie, wie fast jeden Tag, eine endlos lange Liste von Leuten vor sich hat, die zur Audienz bei Kardinal Bergoglio erscheinen werden, und sie für deren Empfang zuständig ist. Sie kennt diese Menschen nicht, sie hat keine Telefonnummern von ihnen, es sind fast alles direkt mit dem Erzbischof vereinbarte Termine, der einen persönlichen

Kalender führt. Pater Jorge – wie ihn viele weiterhin lieber nennen als *Eminenz* – ist an diesem eisigen Septembermorgen wie üblich schon früh aufgetaucht, im Priesteranzug mit Kollarhemd und seiner obligatorischen schwarzen Tasche. Er wohnt in einem kleinen ausgebauten Apartment im dritten Stock des Ordinariats, das aus einem Schlafzimmer mit Bad, einem Zimmer mit Schreibtisch und einem Bücherregal an der Wand sowie einer winzigen Kapelle besteht. Im Gegensatz zu vielen anderen Kardinälen sind die Gewänder des Kardinals in seiner Garderobe keine Maßanfertigungen: Es sind die Gewänder, die auch schon Kardinal Quarracino getragen hatte, und die von den Nonnen geflickt und neu angepasst wurden.

Auf einem Regalbrett im Zimmer steht eine kleine Statue des heiligen Franz von Assisi, daneben hängt ein Bild der heiligen Therese von Lisieux, die er sehr verehrt, sowie ein großes Kreuz, vor dem er, sich mit der Hand an der Wand abstützend, täglich betet. Auf einem anderen Möbelstück ruht eine Figur des schlafenden heiligen Joseph, die ihn seit seiner Zeit als Provinzial der Jesuiten begleitet und unter die er hin und wieder die Zettel klemmt, auf denen er alle schwierigen Situationen niederschreibt, die es zu überwinden gilt.

Natürlich gäbe es im eleganten Stadtteil Olivos, ungefähr zwanzig Kilometer vom Stadtzentrum entfernt, die riesige und herrschaftliche erzbischöfliche Residenz, doch die hat er in ein Exerzitienhaus umgewidmet. Des Weiteren hat der frischgebackene Kardinal das traditionelle Büro des Erzbischofs ausgeschlagen und sich stattdessen in einem kleinen, spartanischen immer eingerichtet. In dem weit luxuriöseren Raum, der ihn eigentlich erwartet hätte, lagern nun Bücher, Gebrauchsgegenstände und Nahrungsmittel, die darauf warten, verschenkt zu werden. Der Jesuit hat seine Gewohnheit beibehalten, sämtliche Geschenke, die er bekommt, an jene weiterzugeben, die sie dringender brauchen. Da er stets die U-Bahn oder den Bus nimmt, benötigt er auch keine Limousine mit Fahrer, für den er eine neue Aufgabe gefunden hat.

Während solch einer Fahrt mit den öffentlichen Verkehrsmitteln ist der Vierundsechzigjährige tags zuvor mit einer Gruppe junger Lehrerinnen und Lehrer ins Gespräch gekommen, die sich mit der etwas frechen Bitte vorgewagt haben, ihn am nächsten Tag anlässlich des *Día del maestro*, des Tags des Lehrers, besuchen zu dürfen. Tatsächlich würdigt man in Argentinien am 11. September die Arbeit der Lehrerinnen und Lehrer und gedenkt dabei Domingo Faustino Sarmiento, des argentinischen Präsidenten und Schriftstellers, der einen Großteil seines Lebens der Entwicklung des öffentlichen Bildungswesens widmete; er starb am 11. September 1888. Zu Hause angekommen, hat Bergoglio einen Blick in seinen Terminkalender geworfen und noch am selben Abend einen der jungen Leute angerufen, um die Audienz für den nächsten Tag zu bestätigen. Und jetzt stehen ihre Namen auf der Liste, die die Sekretärin in der Hand hält.

Es ist zwanzig nach zehn, eine kleine Unternehmerdelegation hat soeben das Büro des Kardinals verlassen, die Tür steht wieder offen. Doch mit einem Mal dringt aufgeregtes Gemurmel, ja sogar laute Stimmen in das Zimmer von Pater Jorge: Eine seltsame Unruhe hat die Menschen erfasst, überall treten die Leute aus ihren Büros. Auch er geht zur Tür und sieht mehrere Mitarbeiter der Kurie wie versteinert vor einem kleinen Fernseher stehen. Als er näherkommt, glaubt er zuerst an eine Szene aus einem Hollywoodfilm. Doch sie ist Realität: Eine

Nachrichtensondersendung überträgt die Bilder vom lichterloh brennenden Nordturm des World Trade Center in Manhattan. Der USA-Korrespondent berichtet via telefonischer Live-Schalte, dass ein Flugzeug in den Wolkenkratzer gestürzt sei.

Pater Jorge wirft einen Blick auf seine Armbanduhr, es ist bereits halb elf, der nächste Termin steht an, aber das, was er gerade im Fernsehen sieht, ist so unglaublich, dass es ihn regelrecht lähmt. Er will eben fragen: »Was ist passiert?«, als ein zweites Flugzeug in den Südturm der Twin Towers kracht. All das ist vor einer knappen halben Stunde passiert, das argentinische Fernsehen hat in rasender Eile eine Sondersendung auf die Beine gestellt, und jetzt kommen die ersten Bilder der großen amerikanischen Nachrichtensender herein. »*Madre de Dios* …«, murmelt er, es sind seine ersten und einzigen Worte. Er schließt die Augen, senkt den Kopf und beginnt zu beten. Eine dunkle Rauchwolke zieht durch die Straßen von Manhattan, über und über mit Staub bedeckte Gestalten rennen stolpernd davon, Menschen springen aus den brennenden Türmen, andere, denen die Flucht aus den Gebäuden gelungen ist, rufen um Hilfe, die Gesichter blutüberströmt. Man hört die Sirenen der Feuerwehr, der Rettungswagen, hört Menschen weinen, schreien. Eine apokalyptische Szene: Die Vereinigten Staaten werden angegriffen. Am Ende wird man fast dreitausend Tote zählen.

Die Bilder brachen mir das Herz, wir waren Zeugen von etwas Erschütterndem, das jedes Vorstellungsvermögen überstieg. Meine ersten Gedanken galten all den armen Menschen in den Türmen und ihren Familien, denen dramatische Tage bevorstanden. Ich sammelte mich sofort im Gebet und bat den Herrn, er möge das Leid dieser Menschen lindern und die unschuldigen Opfer dieser bestialischen Tat in sein Reich aufnehmen. Ich weinte für sie. An diesem Morgen sah ich nur das Video des zweiten Flugzeugs, das in den Südturm raste; später wurden mir auch die Bilder des ersten Flugzeugs und des Angriffs auf das Pentagon gezeigt, sowie die des abgestürzten Flugzeugs in Pennsylvania. Die Gesichter dieser orientierungslosen, verwirrten, über und über mit Staub bedeckten Menschen, die panisch flüchteten oder aus den Trümmern gerettet wurden, haben sich mir tief ins Gedächtnis eingegraben. Was für ein Leid ... Jedes Mal, wenn ich an sie denke, kommen mir die Bilder der Kriege, die überall auf der Welt toben, in den Sinn und das Leid derer, die im Bombenhagel sterben. An jenem 11. September 2001 war der Krieg im Herzen der westlichen Welt angekommen; er war nichts Abstraktes mehr, das nur den Nahen Osten betraf oder irgendein Land in Afrika oder Asien, von dem die Bewohner der sogenannten Ersten Welt oft kaum etwas wussten. Die Vereinigten Staaten, eine der Großmächte der Welt, waren angegriffen worden.

Anfangs, als das erste Flugzeug in den Wolkenkratzer stürzte, glaubten alle noch an einen Unfall, doch dann, mit dem zweiten Flugzeug, zeigte sich die bittere Wahrheit: Vor unseren Augen fand gerade ein Terrorangriff statt und die Welt geriet erneut in den Albtraum des Krieges. In jenen Tagen verstiegen sich einige Verschwörungstheoretiker in gewissen Zeitungen oder im Internet sogar zur Behauptung, alle Juden, die im World Trade Center arbeiteten, seien an jenem Morgen nicht zum Dienst erschienen, weil sie vorab darüber informiert worden seien, was geschehen würde. Diese schlimme Anschuldigung schlug eine vielleicht noch tiefere Wunde als alles andere, was in diesen Tagen geschah, weil sie mit dem Finger auf ein unschuldiges Volk zeigte, das selbst Opfer eines grausamen Völkermords war. Die Verzweiflung war die aller, egal, welcher Religion sie angehörten. An jenem Morgen wurden Tränen des Schmerzes vergossen, wegen der Ermordung unserer Brüder und Schwestern, wegen der Unfähigkeit, unsere Meinungsverschiedenheiten im Dialog beizulegen; es war ein ungerechter und sinnloser Verlust Unschuldiger durch einen Akt beispielloser Gewalt, die Negation jeder echten Religiosität.

Wie auch damals ist und bleibt es Blasphemie, den Namen Gottes im Mund zu führen und damit Massaker, Morde, Terroranschläge, die Verfolgung von Menschen und ganzen Völkern zu rechtfertigen. Niemand kann sich auf den Namen des Herrn berufen, um Böses zu tun. Die Männer der Kirche haben die Aufgabe und die Pflicht, das anzuprangern und jeden Versuch der Rechtfertigung eines wie auch immer gearteten Hasses im Namen der Religion zu entlarven sowie jene zu verurteilen, die diese götzendienerische Verfälschung Gottes begehen.

Am Tag der Anschläge vom 11. September schien der Tod über alles zu triumphieren, doch eine kleine Flamme leuchtete noch in der Dunkelheit: die Flamme der Liebe. Inmitten dieses herzzerreißenden Schmerzes verstand der Mensch es, sein bestes Gesicht zu zeigen: das der Güte und des Mutes. Denken wir nur an all jene, die sich meldeten, um den Rettungskräften zur Hand zu gehen, die Essen und Trinken verteilten, die ihre Geschäfte geöffnet ließen, um die Helfer zu unterstützen, die mit Decken und Gütern des täglichen Bedarfs herbeikamen, teils von weit her. Denken wir an all die helfenden Hände in einer Metropole, der wir zuvor unterstellten, vor allem von Profitgier getrieben zu sein, und die der Welt nun zeigte, wie echte Solidarität aussah.

In jenen Momenten des Schreckens spielten Religionszugehörigkeiten, Herkunft oder politische Gesinnung keine Rolle; im Namen der Gemeinschaft wurden Unterschiede und Grenzen überwunden. Alle waren Amerikaner, und sie waren stolz darauf! Und ich denke auch an die Polizisten und die Feuerwehrleute von New York, die sich in die einsturzgefährdeten Türme wagten, um so viele Menschenleben wie möglich zu retten. Sie riskierten alles, stellten das Leben der anderen über ihr eigenes. Einige ließen dadurch selbst ihr Leben, anderen gelang es, viele Menschen in Sicherheit zu bringen, während ringsum das Chaos herrschte.

2015 besuchte ich die Gedenkstätte am Ground Zero, zu einem interreligiösen Treffen: Wir beteten gemeinsam zum Herrn, er möge unsere Hoffnung stärken und uns den Mut schenken, an einer Welt zu arbeiten, in der Friede und Liebe zwischen den Nationen und in den Herzen aller herrschen könne. Bei dieser Gelegenheit traf ich die Familien einiger Rettungskräfte, die im Einsatz ums Leben gekommen waren. Ich sah den unbezähmbaren Schmerz in den Augen der Hinterbliebenen, aber auch die Kraft der Erinnerung und der Liebe. Viele hatten verziehen, aus Achtung vor ihren Liebsten, die niemals nach Rache verlangt hätten. Wir müssen uns Tag für Tag für den Frieden einsetzen, vor allem in den Ländern, in denen der Krieg kein Ende zu nehmen scheint. Am Tag nach den Anschlägen, am 12. September 2001, beteten wir alle gemeinsam mit Papst Johannes Paul II., der während der Generalaudienz »angesichts der entsetzlichen, zerstörerischen Gewalt«[XVII] die Bitte an Gott richtete, er möge uns in dieser Zeit des Leids und der Prüfung beistehen. In seiner Ansprache sagte der Papst, wir würden einen dunklen Tag in der Geschichte der Menschheit erleben und das, was sich in den Vereinigten Staaten ereignet habe, sei ein schrecklicher Angriff auf die Würde des Menschen. Gegen Ende des Monats konnte ich persönlich mit ihm und anderen Kardinalsbrüdern darüber sprechen, als ich im Vatikan an der Generalversammlung der Bischofssynode teilnahm, die eben der Gestalt des Bischofs gewidmet war.

Während in Buenos Aires der Frühling erwacht, schenkt der Herbst der Stadt Rom ein einzigartiges Schauspiel: Durch die gelben Blätter der Bäume entlang des Tibers weht ein leichter Wind. Die goldenen Strahlen der Sonne verweben sich mit den warmen Farben der Jahreszeit, während die Schatten am Ufer des Flusses länger werden. Die majestätischen Statuen der Engelsbrücke spiegeln sich im Wasser. Ein paar Gestalten, in dunkle Mäntel gehüllt, versuchen entschlossenen Schrittes den ersten kälteren Böen zu entkommen.

Pater Jorge ist vor ungefähr zehn Tagen angekommen, es ist bereits sein dritter Besuch in Italien seit dem Konsistorium im

Februar; vorher hat er noch einen kurzen Zwischenaufenthalt bei seinen entfernten Verwandten im Piemont eingelegt, wo er auch bei seiner Cousine Carla zu Gast war, und ist danach in die Hauptstadt weitergereist, um an der Synode teilzunehmen, die bis Ende Oktober dauern wird. Die Postkartenidylle hat angesichts des morgendlichen Verkehrschaos und des Hupkonzerts der Autos nicht lange Bestand: Der Lungotevere ist heillos verstopft, Motorräder versuchen links und rechts an der endlosen Autokolonne vorbeizukommen. Ein Taxifahrer beschimpft durch das Fenster wütend einen anderen Autofahrer, während ein Busfahrer, der wie viele seiner Kollegen nur noch im Schneckentempo vorankriechen kann, eine Gruppe von Erstsemestern auf dem Weg zur Uni zu beschwichtigen versucht, die sich über die Verspätung aufregen. Die Touristen hingegen sind zu Fuß unterwegs, in Scharen, sie gehen in Richtung Petersplatz, viele von ihnen machen Fotos vom Tiber und suchen nach dem perfekten Bildausschnitt, um ihn später, wenn sie wieder zu Hause sind, ihren Freunden zu zeigen.

In diesen Tagen liegen an allen Kiosken Zeitungen und Zeitschriften aus, die sich mit dem 11. September beschäftigen. Auch in Italien sind die Terroranschläge das noch immer bestimmende Thema. Schließlich ist noch kein Monat vergangen, und am 7. Oktober hat in Afghanistan zudem die Operation *Enduring Freedom* der amerikanischen Regierung und ihrer Verbündeten begonnen: Bombardements aus der Luft zur Unterstützung der Rebellen und eine Bodenoffensive als Antwort auf die Weigerung des Taliban-Anführers Mullah Omar, Osama bin Laden auszuliefern, den Kopf von al Qaida und Drahtzieher der Anschläge in den Vereinigten Staaten. Die Welt ist also wieder einmal im Krieg.

Die Schlagzeilen der Zeitungen springen auch dem vorbeieilenden Kardinal Bergoglio ins Auge, der zum Glück nicht vom Verkehr aufgehalten wird, weil er wie jeden Morgen zu Fuß unterwegs ist: ein knapp halbstündiger Spaziergang, unter der blassen Herbstsonne, vom Gästehaus für Priester in der Via della Scrofa, direkt hinter der Piazza Navona, bis zum Vatikan, wo die Bischofssynode stattfindet. Der argentinische Kardinal ist beigeordneter Generalrelator der Versammlung und arbeitet daher jeden Tag eng mit den Bischöfen und Purpurträgern aus aller Welt zusammen, um die *Propositiones* anzufertigen, die die Ergebnisse der Diskussionen und Beiträge der Teilnehmer zusammenfassen werden.

Auch der Jesuit Bergoglio hat sich am 2. Oktober in der Versammlung zu Wort gemeldet, um seine Gedanken zur Gestalt des Bischofs zu teilen, und dabei unterstrichen, dass die Hirten seiner Meinung nach den Armen zugeneigt, mit einem missionarischen Geist ausgestattet und vor allem Propheten der Gerechtigkeit sein sollten, insbesondere für die gesellschaftlich Ausgegrenzten. Der Würdenträger aus Buenos Aires hat den kurzen Beitrag im Konferenzsaal in seiner Muttersprache vorgetragen und dabei nochmals eine Meditation aufgegriffen, die er 1996 anlässlich der von ihm geleiteten geistlichen Exerzitien für die spanischen Bischöfe verfasst hat, da sie den Unterschied zwischen den Hirten, die das Volk bewachen, zu denen, die über es wachen, beschreibt. »Bewachen oder überwachen bezieht sich eher auf die Pflege der Doktrin und ihrer Gewohnheiten in ihren Ausprägungen und ihrer Ausübung; *über jemanden wachen* hingegen bedeutet, sich um die zu kümmern, die Salz und Licht in unseren Herzen sind. Bewachen beschwört ein Auf-der-Hut-Sein vor einer drohenden Gefahr herauf, während *über jemanden wachen* bedeutet, geduldig die Bedingungen zu ertragen, mit denen der Herr fortwährend die Rettung seines Volkes vorbereitet. Um zu bewachen, genügt es aufgeweckt, schlau, schnell zu sein. Um zu wachen braucht es auch Sanftmut, Geduld und die Beständigkeit der bewährten Nächstenliebe. [...] Bewachen und überwachen erinnern an eine gewisse notwendige Kontrolle. *Über jemanden wachen* hingegen erzählt uns von Hoffnung. Von der Hoffnung des barmherzigen Vaters, der über den Fortschritt in den Herzen seiner Kinder wacht.«

In den nächsten Tagen kommen während der Arbeitspausen immer wieder Mitbrüder auf Bergoglio zu: Ein paar beglückwünschen ihn nachträglich zu seinem Beitrag, andere wollen mit ihm über dieses und weitere Themen diskutieren. Aber man unterhält sich auch über die aktuellen Nachrichten, darunter den von den Vereinigten Staaten angeführten Krieg gegen den Terrorismus nach den Anschlägen auf die Zwillingstürme.

Meine Ernennung zum beigeordneten Generalrelator hing in gewisser Weise mit diesen Terroranschlägen zusammen, denn der Generalrelator der Synode, Kardinal Edward Egan, war der Erzbischof von New York. Er hatte den Papst kurz vor dem 11. Oktober 2001 darum gebeten, zu den Gedenkveranstaltungen einen Monat nach den Attentaten nach Hause zurückkehren zu dürfen. Abgesehen von den geplanten Feierlichkeiten zu diesem Datum wusste Egan, dass es in diesem Moment seine Pflicht war, nah an der Seite der traumatisierten Bevölkerung zu sein, vor allem, um den Angehörigen der Opfer und der im Einsatz verstorbenen Retter Trost zu spenden. Offensichtlich gab ihm Johannes Paul II., der auch an unseren Versammlungen teilnahm, ohne zu zögern die Erlaubnis, die Versammlung verlassen zu dürfen. An seiner statt ernannte der Papst mich zum Generalrelator. Offen gestanden, hatte ich anfangs ein klein wenig Angst vor dieser Rolle, aber letzten Endes ging Gott sei Dank alles gut.

Ich arbeitete jeden Tag eng mit dem Sondersekretär der Synode, dem damaligen Bischof von Oria und heutigen Kardinal Marcello Semeraro, zusammen: Seite an Seite brachten wir die Generalversammlung ohne Pannen zu Ende. Während der Pausen unterhielt man sich mit den anderen Bischöfen auch über den Krieg in Afghanistan, über die Terroranschläge in den USA und darüber, dass sich die Anführer der islamischen Welt der Verurteilung der grausamen Anschläge, die im Namen Gottes verübt worden waren, anschließen müssten. Denn das Schweigen einiger Fundamentalisten hatte Unbehagen gegenüber unseren muslimischen Brüdern geweckt, was leider für mehrere Jahre so bleiben sollte. Auch wenn ich ihre Meinung nicht teilte, las ich voller Interesse die Kommentare der italienischen Journalistin Oriana Fallaci zu diesem Thema.

Als Christen und Muslime sind wir aufgerufen, einen gemeinsamen Weg zu gehen, der kulturellen und religiösen Unterschiede gewahr miteinander im Gespräch zu bleiben und uns nicht als Feinde zu betrachten. Wir müssen unsere Brüder und Schwestern des Islam als Weggefährten annehmen, wir müssen Hand in Hand für eine gerechtere und ausgewogenere Welt arbeiten, indem wir die fundamentalen Rechte und Freiheiten, vor allem die der Religion, anerkennen und zu Erbauern der Zivilisation werden. Es gibt die, die Hass schüren, die zu Gewalt aufrufen; wir jedoch müssen mit Liebe und Bildung antworten, indem wir die jungen Generationen zum Guten erziehen, damit sie die von Hass verseuchte Luft in den Sauerstoff der Brüderlichkeit verwandeln.

Im Jahr 2019 unterzeichnete ich in den Vereinigten Arabischen Emiraten zu diesem Zweck zusammen mit meinem Bruder Ahmad al-Tayyeb, dem Großimam der al-Azhar-Moschee in Kairo, das *Dokument über die Brüderlichkeit aller Menschen für ein friedliches Zusammenleben in der Welt*. In einer der Passagen, die wir unterzeichnet haben, verlangen wir »ausgehend von unserer religiösen und moralischen Verantwortung [...] von uns selbst und den leitenden Persönlichkeiten in der Welt, von den Architekten der internationalen Politik und der globalen Wirtschaft, ein ernsthaftes Engagement zur Verbreitung einer Kultur der Toleranz, des Zusammenlebens und des Friedens; ein schnellstmögliches Eingreifen, um das Vergießen von unschuldigem Blut zu stoppen und Kriegen, Konflikten, Umweltzerstörung und dem kulturellen und moralischen Niedergang, den die Welt derzeit erlebt, ein Ende zu setzen.«[XVIII] Wir wollten aus tiefstem Herzen zur Wiederentdeckung der Werte des Friedens, der Gerechtigkeit, der Güte, der menschlichen Brüderlichkeit aufrufen, um die Bedeutung dieser Werte als Rettungsanker aller zu betonen und sie überall zu verbreiten.

Wir brauchen dringend Brüderlichkeit, damit der Argwohn denen gegenüber, die anders sind als wir, überwunden wird und die Verfolgung und Vertreibung zahlloser Christen in der Welt durch Fanatiker ein Ende hat. Es sind Männer und Frauen, die, wie die ersten christlichen Gemeinden, fliehen und dabei ihren Glauben wie einen Schatz hüten, der ihrem Leben Sinn gibt. Nach dem 11. September haben wir eine andere Welt kennengelernt, in der manchmal die Angst siegte und das Grauen der Verfolgung durch die Hand der Terroristen kein Ende nahm. Wir haben gesehen, wie sie unschuldigen Christen die Kehle durchschnitten, unter dem komplizenhaften Schweigen zahlreicher Mächte, die sie hätten stoppen können und es nicht getan haben.

Aber die Geschichte der Kirche ist seit jeher von Ereignissen wie diesen bestimmt: Die Verfolgung hat mit der von Jesus begonnen und setzt sich mit den neuen Märtyrern, die das Evangelium bezeugen, bis in die Gegenwart fort. Diesen Brüdern und Schwestern, den Märtyrern unserer Tage, von denen es viel mehr gibt als damals, möchte ich mit Nachdruck zurufen: Habt keine Angst, mit Liebe Zeugnis vom Herrn abzulegen mittels eurer Gesten, lasst euch nicht von denen ängstigen, die mit Arroganz und Gewalt die Kraft des Evangeliums auszulöschen versuchen. Sie können euren Leib töten, aber sie werden keine Macht über eure Seele haben.

Doch zurück zur Synode, die nicht einmal einen Monat nach den Terroranschlägen begann: Jedem von uns Bischöfen und Kardinälen war klar, dass es in Kürze zu geopolitischen Umwälzungen kommen würde. Die Gleichgewichte der Welt würden sich angesichts der Bedrohungen und der im Namen eines *Heiligen Krieges* verübten

Anschläge wieder einmal verschieben. Das Zepter führten ein paar terroristische Gruppen, bestehend aus religiösen Fanatikern, und in dieser Situation war die Kirche mehr denn je dazu aufgerufen, den Frieden und Dialog zwischen den Religionen zu fördern.

Unsere Diskussionen zu diesem Thema blieben offen. Ende Oktober kehrte ich nach Argentinien zurück, und das normale Leben ging weiter. Ehrlich gesagt, versuchte ich meine Herde so selten wie möglich alleinzulassen, ich verließ Buenos Aires nur im Fall wichtiger, unaufschiebbarer Aufgaben. Schließlich war es meine Mission, an der Seite des Volkes zu stehen und über es zu wachen.

Ein paar Wochen später, im Dezember 2001, stürzte Argentinien in eine schwere Wirtschaftskrise, die das Land an den Rand des Zusammenbruchs brachte, mit sozialen Unruhen und großer politischer Instabilität. Das war nur ein erstes Alarmzeichen für das, was die Welt einige Jahre später mit der großen Rezession erwartete, die das Leben von Millionen von Menschen für immer verändern sollte.

XI.

DIE WELTWIRTSCHAFTSKRISE

In der Kathedrale von Buenos Aires herrscht andächtige Stille, einzig ein paar leise Schritte auf dem Mosaikboden im venezianischen Stil sind zu hören. Es sind die von María Paz, die nach einem knapp halbstündigen Fußmarsch von der Plaza Constitución, wo sie seit einigen Jahren mit ihrem Mann Marcello lebt, völlig durchgefroren hier ankommt. In den Regennächten dieses Septembers 2008 finden die beiden unter dem Dach des Busbahnhofs Zuflucht, doch sie müssen sich nicht nur vor dem Wasser schützen. Bei Einbruch der Dunkelheit übernehmen Drogendealer und skrupellose Zuhälter die Herrschaft auf dem Platz, und ihr Leben ist in ständiger Gefahr.

Tagsüber durchwühlt Marcello die Mülleimer der Stadt auf der Suche nach Papier und Kartons, die er weiterverkaufen kann, um so zu ein bisschen Geld zu kommen. Er ist einer der unzähligen *cartoneros*, der Kinder der Wirtschaftskrise, die Argentinien im Dezember 2001 erfasst hatte. María Paz verbringt ihre Tage mit der Suche nach dem einen oder anderen Gelegenheitsjob, fast immer ohne Erfolg. Wie jeden Morgen ist sie bei Sonnenaufgang aufgewacht, durch den Lärm der ersten abfahrenden Busse, eingewickelt in eine inzwischen völlig zerschlissene Decke, die keinerlei Schutz vor der beißenden Winterkälte bietet. Sie hat sich an einem Brunnen das Gesicht gewaschen und beschlossen, zur Kathedrale zu gehen; unter den vielen Obdachlosen geht nämlich das Gerücht um, am frühen Morgen könne man Kardinal Bergoglio antreffen, der den Gläubigen für die Beichte zur Verfügung stehe wie ein normaler Priester.

Sie ist ihm bisher nur einmal persönlich begegnet, am 1. Juli dieses Jahres, als sie und Marcello in der Kirche Nuestra Señora Madre de los Emigrantes im Barrio La Boca waren, wo der Kardinal eine vom Movimiento de Trabajadores Excluidos (Bewegung der ausgeschlossenen Arbeiter) organisierte Messe zelebriert hat. Die Organisation kümmert sich um *cartoneros*, Prostituierte, illegale Migranten, Opfer von Menschenhandel, Obdachlose und andere Menschen, die am Rand der Gesellschaft leben.

Das Gesicht der Frau ist von den Spuren der Zeit gezeichnet, ihr Haar ist von grauen Strähnen durchzogen, die Hände sind rot und starr vor Kälte. Im Inneren der Kathedrale findet sie Trost im Schein einer brennenden Kerze vor der Statue der heiligen Jungfrau von Bonaria. Sie setzt sich in eine der Bänke, die ebenso auf Hochglanz poliert sind wie die alten, aus dem 18. Jahrhundert stammenden Beichtstühle aus Holz. In einem von diesen wartet ein Priester, die Stola über die Schultern gelegt, darauf, wem auch immer die Beichte abzunehmen.

María Paz hat keine schweren Sünden zu beichten, sie sucht nur nach einem Priester, der ihr zuhört und ihr ein Wort des Trostes spenden kann.

»Nur Mut, ich beiße nicht.« Die Stimme, die aus dem Beichtstuhl kommt, ist die von Jorge Bergoglio. Weil er die Unschlüssigkeit der aufgeregten, verschüchterten Frau bemerkt, tritt der Kardinal aus der Beichtstuhltür, setzt sich in eine Bank in der Nähe und winkt sie zu sich.

Zwischen den beiden entspinnt sich eine Unterhaltung, die mehr als eine halbe Stunde dauert. Es ist vor allem María Paz, die von ihrem Leben erzählt, von ihrem Mann Marcello und davon, wie die Krise von 2001 ihre Existenz zerstörte.

»Heute Morgen erst«, sagt der Erzbischof leise zu ihr, »habe ich gehört, dass das jetzt auch in den Vereinigten Staaten passiert. Die Wirtschaftskrise trifft früher oder später alle ... Aber ihr habt das gut gemacht, ihr seid trotz der Probleme zusammengeblieben, das ist wahre Christlichkeit! Ihr habt euch gegenseitig Kraft gegeben.« Er legt ihr ein paar Geldscheine in die Hand. »Du brauchst dringend was Warmes«, sagt er dann, »Komm mit, du bist mein Gast.«

Die Frau ist verwirrt, sie weiß nicht, ob sie weinen, lachen, ihn umarmen soll. Instinktiv kniet sie nieder und küsst ihm die Hand. Der Jesuit lässt sie aufstehen, und nachdem er sie auf einen Tee und Gebäck eingeladen hat, verabschiedet er sich, um zurück ins Büro im Ordinariat zu gehen.

»Eminenz, müssen wir uns Sorgen machen?«, fragt ihn ein Mitarbeiter, Gustavo, den er am Eingang des Erzbischöflichen Palastes trifft. »Ich habe im Internet gelesen, dass eine Bank in Amerika zahlungsunfähig ist und sich daraus eine Krise entwickelt ...«

Der Kalender zeigt den 15. September. Am frühen Morgen, kurz vor Tagesanbruch, hat Lehman Brothers, eine der wichtigsten amerikanischen Investmentbanken, Insolvenz angemeldet. Die Bank ist durch sogenannte Subprime-Hypotheken zu Fall gekommen, sprich durch die Vergabe hochspekulativer

Kredite an Verbraucher, die über kein Kapital oder Sicherheiten verfügten, um sie zurückzuzahlen. Das große Geschäft, das die Bank aufgezogen hat, erweist sich als Bumerang: Lehman Brothers, die skrupellos mit diesen Hypotheken spekulierte, wird selbst Opfer von Finanzspekulationen. Die Konten des Instituts sinken ins Bodenlose, die US-Zentralbank Federal Reserve und der Finanzminister suchen unter den bekanntesten Akteuren der Wall Street einen Käufer, der jedoch im letzten Moment einen Rückzieher macht. Der Bankrott ist unausweichlich: Fünfundzwanzigtausend Angestellte des Finanzgiganten werden entlassen, die Börsen der Vereinigten Staaten stürzen ab und ziehen die in Südamerika, Europa und Asien gleich mit. Vor den Bankautomaten bilden sich endlose Schlangen panischer Kunden, die ihr Erspartes abzuheben versuchen, die amerikanische Immobilienblase ist geplatzt und löst eine Krise aus, die in der Folge zur großen Rezession führen wird.

In der Tat kam es rund um den Globus zu einer Kettenreaktion, die in den folgenden Jahren vor allem in den Industriestaaten zu neuer Ungleichheit und neuer Armut führte. Ich sehe bis heute die niedergeschlagenen Gesichter der Angestellten der großen US-Bank vor mir, die in Kartons ihre letzten persönlichen Dinge aus dem Gebäude trugen. Ich betete, der Herr möge sie trösten, wie ich auch für all die Menschen betete, die von einem Moment auf den nächsten alles verloren hatten. Die Ersparnisse eines Lebens, der Traum vom eigenen Heim, alles hatte sich binnen Sekunden in Luft aufgelöst.

Wer in dieser Zeit nach New York fuhr, berichtete von endlosen Schlangen vor den Armenküchen. Die Arbeitslosigkeit hatte ein noch nie dagewesenes Ausmaß erreicht, und in der Schlange für ein Stück Brot und eine warme Mahlzeit standen nun auch ehemalige Manager oder Vorstandsvorsitzende von Unternehmen, die noch bis vor wenigen Tagen mit dem Leben anderer spekuliert hatten. Die soziale Aufstiegsleiter, die in der Vergangenheit vielen ermöglicht hatte, ihren ärmlichen Verhältnissen zu entkommen, war zusammengebrochen und weltweit zur Illusion geworden. Unsere Wirtschaftssysteme sind untragbar. Schon oft habe ich gesagt, dass sie uns umbringen, wir sollten keine Zeit mehr verlieren, dies zu ändern!

Es ist an der Zeit, unser Wirtschaftssystem zu überdenken, indem wir die Perspektive der Armen und Ausgegrenzten einnehmen und darüber nachdenken, wie wir die wachsende Ungleichheit bekämpfen und die Gleichgültigkeit diesen Menschen gegenüber überwinden können, die unsere Brüder und Schwestern sind. Um in der Zukunft eine Chance zu haben, müssen wir zusammen mit den Jüngeren ein alternatives Wirtschaftsmodell entwickeln, das auf Gleichheit und Brüderlichkeit basiert; ein Wirtschaftsmodell, das die Menschen leben lässt, anstatt ihnen das Leben zu nehmen, das nicht darauf abzielt, mit ihnen zu spekulieren, sondern sie als Mensch an erster Stelle setzt; eine inklusive, humaner gestaltete Wirtschaft, die Sorge für die Schöpfung trägt und sie nicht ausplündert.

In meiner Enzyklika *Über die Geschwisterlichkeit und die soziale Freundschaft* habe ich diesbezüglich gesagt, das »Recht einiger auf Unternehmens- oder Marktfreiheit kann nicht über den Rechten der Völker und der Würde der Armen stehen [...]. Der Markt allein löst nicht alle Probleme, auch wenn man uns zuweilen dieses Dogma des neoliberalen Credos glaubhaft machen will.«[XIX] Ich möchte klarstellen, dass diese Worte keineswegs eine Verurteilung des Marktes, sondern vielmehr ein Versuch sind, auf die Risiken und falsche Abzweigungen hinzuweisen, die das System geschaffen hat und schafft. Denken wir beispielsweise an das Eindringen des Marktes in Bereiche, in denen die Güter zuvor gemeinschaftlich verwaltet wurden. Aus Sicht einer menschen- und umweltfreundlichen Ethik lautet die Herausforderung der Zukunft, *den Markt zu zivilisieren* und von ihm zu fordern, sich in den Dienst einer ganzheitlichen menschlichen Entwicklung zu stellen, anstatt nur bei der Vermehrung von Kapital und Reichtum effizient zu sein. Wir alle müssen vereint gegen die systembedingte wachsende Ungleichheit und Ausbeutung des Planeten kämpfen, die auch ein Grund für das Auseinanderdriften der Gesellschaft sind, die Folgen eines Systems, dessen einziger Daseinszweck der Profit ist. Wir müssen vielmehr strukturell akzeptieren, dass »die Armen genug Würde besitzen, um bei unseren Begegnungen mit uns an einem Tisch zu sitzen, an unseren Diskussionen teilzunehmen und für ihren eigenen Lebensunterhalt zu sorgen. Und das ist viel mehr als Wohlfahrt: Wir sprechen von einer Umkehr und Änderung unserer Prioritäten und des Platzes des anderen in unseren politischen Maßnahmen und in der Gesellschaftsordnung«[XX], wie ich in meiner Videobotschaft zu den Mitgliedern von *The Economy of Francesco* sagte, einer Bewegung, die junge Wirtschaftswissenschaftler, Unternehmerinnen und Aktivisten zu einem inklusiven Dialog für eine neue Wirtschaft zusammenbringt.

Der Ausbruch der Wirtschaftskrise in den USA traf mich besonders, weil ich die möglichen Auswirkungen einer solchen Situation ein paar Jahre zuvor aus nächster Nähe erlebt hatte. Im Dezember 2001 war Argentinien in diesen Albtraum geraten, die Banken kollabierten, die Konten wurden von der Regierung eingefroren und viele Unternehmen mussten Insolvenz anmelden. Ein Großteil der argentinischen Gesellschaft rutschte in die Armut ab.

Kurz nach Weihnachten 2001 luden wir am Sitz der Caritas zu einem *Runden Tisch des argentinischen Dialogs* ein, um die zivilgesellschaftlichen und religiösen Spitzen des Landes miteinander ins Gespräch zu bringen und gemeinsam eine Lösung zum Wohl der Bevölkerung zu finden. Ich nahm in meiner Funktion als Vorsitzender der argentinischen Bischofskonferenz und Erzbischof von Buenos Aires teil, ebenso anwesend war Präsident Fernando de la Rúal, dem der Protest unzähliger Demonstranten entgegenschlug, die sich auf der Plaza de Mayo versammelt hatten. Als er den Notstand ausrief, gingen Millionen von Menschen auf die Straße und forderten den Rücktritt der Regierung; dabei schlugen sie lautstark auf mitgebrachte Töpfe und Pfannen. Die Menge nahm die Casa Rosada, den Sitz des Präsidenten, ins Visier. De la Rúa floh per Helikopter und legte wenige Stunden später sein Amt nieder.

Wir als Kirche stellten uns in den folgenden Monaten umgehend in den Dienst der Gemeinschaft, wir mussten eine Art *Feldlazarett* für die Bedürftigsten sein. Die Türen der Kirchen blieben Tag und Nacht offen für jene, die ihre Bleibe verloren hatten, und wir baten die Gläubigen, denen dies finanziell noch möglich war, die am dringendst benötigten Dinge mit zum Gottesdienst oder direkt zur Caritas zu bringen, wo sie an die Notleidenden verteilt wurden. Wir richteten medizinische Zentren ein, um kostenlos Arzneimittel auszugeben, und stellten Gasöfen unter den Brücken auf, um Brot zu backen und zu verschenken. Außerdem wurden Obdachlosenunterkünfte gebaut und neue soziale Projekte ins Leben gerufen, um denen, die alles verloren hatten, eine Zukunft zu bieten. Die Freiwilligen sollten nur ein einziges Ziel haben: den Menschen an erste Stelle zu setzen und vor allem auf seine Bedürfnisse zu hören. Ich kann gar nicht genug betonen, wie wichtig der Gedanke des Zuhörens ist, denn viele Krisen gleich der, die im September 2008 begann, wären gewiss vermieden worden, wenn die Großen wenigstens einmal, anstatt wie so oft an den eigenen Profit und den Gott des Geldes zu denken, auf die Stimme der Kleinen gehört hätten. Von der Bedeutung des Zuhörens – auch mit Blick auf diese Themen – sprach ich ein paar Wochen später, im Oktober, im Rahmen einer vielbesuchten Wallfahrt in Argentinien.

Auf der Plaza Belgrano, gegenüber der Basilika Nuestra Señora de Luján drängen sich unzählige junge Leute, mindestens eine Million. Sie waren mehr als fünfzehn Stunden zu Fuß auf der vierunddreißigsten Wallfahrt zur Schutzherrin des Landes unterwegs. Ihren Anfang hat die Prozession am Mittag des 4. Oktober vor der Wallfahrtskirche des heiligen Kajetan im Barrio Liniers in Buenos Aires genommen. Vorangetragen wurde ihr die *imagen cabecera*, eine kleine Kopie der Originalstatue der Madonna. Entlang des Weges haben Freiwillige zwischen religiösen Gesängen und Gebeten denen Hilfe und Unterstützung angeboten, die sie benötigten; viele haben auch vor den omnipräsenten Ständen pausiert, die Obst, frisches Wasser, Snacks, Souvenirs und Devotionalien, insbesondere Rosenkränze, verkaufen. Die einen pilgern zur heiligen Jungfrau, um ein Wunder von ihr zu erbitten, die anderen aus reiner Verehrung; manche bitten um die Gnade, eine Arbeit oder eine bezahlbare Wohnung zu finden, nachdem sie wegen der Wirtschaftskrise alles verloren haben. Wieder andere suchen nach der großen Liebe und vertrauen sich der Muttergottes an, und ein paar hoffen darauf, das Schuljahr doch noch zu bestehen, ein Wunder, das selbst die Madonna von Luján überfordern dürfte.

Nach einem kräftezehrenden Marsch von sechzig Kilometern haben die Pilger morgens um Viertel vor sieben ihr Ziel erreicht. Es ist der 5. Oktober 2008, ein Sonntag. Die in einen langen blauen Mantel gehüllte Statue der Madonna aus dem Jahr 1630 erwartet die Gläubigen vor der Basilika zu einem der bewegendsten Momente der Wallfahrt: der Begegnung der beiden Statuen und ihrer Huldigung durch die Anwesenden.

Auch Erzbischof Bergoglio ist da und feiert wie jedes Jahr zusammen mit anderen Bischöfen und Priestern die feierliche Messe auf dem Platz. Auch er verehrt die Jungfrau von Luján. Das Thema der diesjährigen Wallfahrt lautet: *Madre, enseña nos a escuchar* (Mutter, lehre uns zuzuhören), und in der Homilie lädt der Jesuit und Kardinal die Gläubigen zur Reflexion ein und spendet Worte der Hoffnung: »Wie viele Probleme ließen sich im Leben lösen, wenn wir lernen würden zuzuhören, wenn wir lernen würden, uns selbst zuzuhören. Denn dem anderen zuzuhören bedeutet, sich ein wenig in sein Leben, in sein Herz, zu begeben und nicht einfach daran vorbeizugehen, als würde es uns nicht interessieren. Doch das Leben erzieht uns dazu, vorbeizugehen, uns nicht für das Leben des anderen zu interessieren, dafür, was er oder sie mir sagen will, oder vielleicht schon etwas zu erwidern, noch bevor er oder sie zu Ende gesprochen hat. Wenn wir in unserem Lebensbereich das Zuhören lernen würden … wie würden sich die Dinge ändern; wie würden sich die Dinge in der Familie ändern, wenn der Mann, die Frau, die Eltern, die Kinder, die Geschwister lernen würden, sich gegenseitig zuzuhören … aber wir neigen dazu, zu erwidern, noch bevor wir wissen, was uns unser Gegenüber sagen will. Haben wir Angst davor, zuzuhören? Wie viele Dinge würden sich in der Arbeit ändern, wenn wir zuhören würden. Wie viele Dinge würden sich in unserem Viertel ändern. Wie viele Dinge würden sich in unserem Land ändern, wenn wir lernen würden zuzuhören. Mutter, wir bitten dich, lehre uns still zu sein, um jene annehmen zu können, die uns ihr häufig schmerzerfülltes Leben erzählen müssen …«

Auf dem Platz brandet lang anhaltender Applaus auf, in der Menge sind auch viele *cartoneros*, viele Bewohner der *villas miserias* in Begleitung ihrer Pfarrer, es gibt etliche, denen nur noch die Tränen geblieben sind, nachdem sie den Bankrott ihres Geschäfts mitansehen mussten. Die globale Wirtschaftskrise veränderte dann zwar auch das Leben vieler Argentinier, verschlimmerte die eh schon angespannte finanzielle Lage des Landes glücklicherweise aber nicht all zu sehr. Es stimmt zwar, dass die Börse einen schweren Schlag einstecken musste, was zu zeitweiser Hysterie in der Hochfinanz führte – die Preise für Exportgüter wie Sojaöl, Weizen, Pellets oder Rohöl fielen, der Peso hat dem Dollar gegenüber zehn Prozent an Wert verloren –, aber die Folgen waren, nicht zuletzt wegen des fehlenden Fremdkapitals im Land, deutlich weniger verheerend als andernorts auf der Welt.

Den heftigeren Schlag hatten wir tatsächlich 2001 einstecken müssen. Als dann 2008 die große Bankenkrise in Amerika kam, wurden in Argentinien nur einige Branchen in Mitleidenschaft gezogen, während andere, die schon in der vorherigen Krise zermalmt worden waren, dieses Mal zum Glück glimpflich davonkamen. Ich erinnere mich noch gut an die Worte von Papst Benedikt XVI. Anfang 2009, der mit Blick auf die Insolvenz von Lehman Brothers und die folgende große Rezession sagte, der Zusammenbruch der großen amerikanischen Kreditinstitute offenbare die grundlegenden Irrtümer. Wieder einmal sei der wahre Gott vom Götzendienst der Habgier verdunkelt und das Gottesbild durch den Mammon, den abgöttisch verehrten, überspannten irdischen Reichtum, verfälscht worden.[XXI]

Was in den USA geschah und sich dann in die großen Wirtschaftsnationen der Welt übertrug, war von eben jener kranken Mentalität derer verursacht, die versuchten und noch heute versuchen, die Schwächsten bis aufs letzte Hemd auszuziehen, indem sie Geld mit Geld machen. Sie haben noch nicht begriffen, dass zum Wohl der Menschheit die Arbeit im Mittelpunkt stehen muss. Sie ist der einzig wahre Motor, der die Wirtschaft anzutreiben und dem Menschen Würde zu verleihen vermag. Wenn man stattdessen einen Götzen, das Geld, in den Mittelpunkt stellt, wird das System nicht mehr in der Lage sein, neue Stellen zu schaffen, wodurch die Arbeitslosigkeit steigt und Millionen von Menschen ihrer Zukunft beraubt werden.

Wo es keine Arbeit gibt, es tut mir leid, das sagen zu müssen, gibt es auch keine Würde. Denn man muss bedenken, dass es für junge Menschen heutzutage immer schwieriger wird, eine dauerhafte Beschäftigung zu finden, mit einem anständigen Lohn, der es erlaubt, die steigenden Mieten und astronomischen Darlehen zu bezahlen, die oft auf den Schultern der Eltern lasten. Wenn die jungen Leute diese Kosten selbst tragen müssen, kann das die Situation verschlimmern. Das ist dramatisch, es ist eine Folge unseres kranken Wirtschaftssystems, und ich poche darauf, dass sich die Politik genau dieser Themen annimmt, denn ohne regulierende Maßnahmen wird der freie Markt immer brutaler und produziert immer größere Ungleichheiten. Im Übrigen sollten wir uns fragen: Wenn die jungen Leute keine Arbeit finden und arbeitslos bleiben, wer wird dann für die Rente derer aufkommen, die ihr ganzes Leben lang gearbeitet haben?

Ich erinnere mich, dass auch unter den Wallfahrern in Luján viele junge Leute waren, die von der Madonna die Gnade erbaten, eine Arbeit zu finden, und sei es ein noch so kleiner Job, solange er anständig war. Angesichts dessen wirkt es wie ein Affront, Menschen zu erleben, die sich über ein ehrliches und gutgemeintes Stellenangebot aufregen; wie kann man nicht begreifen, dass da draußen viele Schlange stehen und darauf warten, die Arbeit auch für die Hälfte des Gehalts zu machen.

Wie viele Gebete vor der wundertätigen Jungfrau habe ich gehört, wie viele Bitten, durch ihre Gnade der Krise und der Arbeitslosigkeit zu entkommen! Während dieser Wallfahrtstreffen herrschte eine gute Atmosphäre, der Heilige Geist war dort mitten uns; ich erinnere mich an die vielen Menschen, die ins Innere der Basilika strömten, um zu beichten. Ich stellte mich zur Verfügung, wie die anderen Priester auch, und nahm am Samstagabend von sechs Uhr bis Viertel nach zehn die Beichte ab. Dann zog ich mich zurück, um eine Semmel oder ein Stück Pizza zu essen, und versuchte ein wenig zu schlafen, nachdem ich den Wecker auf ein Uhr morgens gestellt hatte. Zu dieser Stunde kehrte ich in die Kirche zurück und nahm wieder bis sechs oder halb sieben die Beichte ab. Um Punkt sieben begann die Heilige Messe mit den Pilgernden, die in der Zwischenzeit aus Buenos Aires eingetroffen waren. Während einer dieser Wallfahrten lernte ich Don Ángel Fernández Artime kennen, den späteren Generaloberen der Salesianer Don Boscos, den ich im Konsistorium 2023 zum Kardinal ernannt habe. Zu jener Zeit war er als Provinzial seiner Glaubensgemeinschaft in Argentinien. Bei unserer ersten Begegnung erzählte er mir, dass er aus Spanien stamme. Deshalb nenne ich ihn seit damals *gallego*, Galicier, wie wir Argentinier die Spanier liebevoll-neckisch bezeichnen, selbst wenn sie nicht direkt aus Galicien stammen!

Doch um nochmals auf die Beichten zu kommen: Ich kann bezeugen, dass viele Büßer, nachdem sie in Luján waren, die Antwort fanden, nach der sie gesucht hatten. Sie kamen zur Beichte und sagten danach mit einem Lächeln auf den Lippen, dass sie endlich wüssten, wie sie mit ihrer misslichen Situation umgehen sollten, und dass es die Madonna gewesen sei, die ihnen das eingegeben habe.

Eines Nachts kam ein etwa fünfundzwanzigjähriger Mann zu mir zur Beichte. Groß, mit tätowierten Armen, Ohrringen, langen Haaren. Sein Vater war, glaube ich, gestorben. »Ich bin hier«, sagte er, »weil ich ein großes Problem habe. Nachdem ich lange gezögert hatte, habe ich mit meiner Mutter darüber gesprochen und sie meinte: ›Pilgere nach Luján und du wirst sehen, dass die Madonna dir eine Antwort geben wird.‹ Ich hatte meine Zweifel, aber dann habe ich auf sie gehört und bin zu Fuß bis hierher gelaufen.« Ich fragte ihn, ob er schon vor der Jungfrau gebetet und die Antworten, nach denen er suchte, gefunden habe, und er erwiderte lächelnd: »Ich habe sie gesehen, und weiß nun, was ich tun muss ...« »Na sowas«, scherzte ich, »dann brauchst du mich ja gar nicht mehr!« Wir mussten beide lachen, ich umarmte ihn, und er kehrte in sein Leben zurück.

Doch auch das restliche Jahr über kamen Menschen zur Wallfahrtskirche, um ein Wunder zu erbitten. Aus erster Hand kann ich die Geschichte eines Arbeiters bezeugen, dessen ungefähr zehnjährige Tochter an einer Infektion erkrankt war und den Worten des Arztes zufolge die Nacht nicht überleben würde. In Tränen aufgelöst ließ der Mann seine Frau mit der Kleinen im Krankenhaus zurück, stieg in den Zug und fuhr zur Basilika von Luján. Als er gegen zehn Uhr abends ankam, waren die Türen bereits verschlossen, doch in seiner Verzweiflung betete er die ganze Nacht über vor dem Gitter, um die Gesundheit seines Kindes kämpfend. Um sechs Uhr morgens, als die Türen geöffnet wurden, eilte er sofort hinein, um vor der Statue der Madonna zu beten. Dann kehrte er schnell nach Buenos Aires zurück. Im Krankenhaus angekommen, fand er weder seine Frau noch seine Tochter vor. Er war noch verzweifelter als zuvor und rechnete mit dem Schlimmsten, bis er kurz darauf eine Nachricht seiner Frau erhielt: »Die Ärzte sagen, unsere Kleine ist wieder gesund, und sie können sich nicht erklären, warum!« Man stelle sich angesichts dieses Wunders die Freude der Eltern vor! Für sie war es das Ergebnis des nächtlichen Kampfes, den der Vater an die Gitterstäbe der Basilika geklammert und zur Jungfrau von Luján betend ausgefochten hatte. Der Herr hatte ihn erhört und war an seiner Seite geblieben, um über ihn und seine Tochter zu wachen. Die Welt hat einen Glauben wie diesen bitter nötig. Ihn zu haben, ist ein Geschenk, denn er ist so stark, dass er den Menschen dazu bringt, für und um etwas zu kämpfen. Nur selten habe ich an den Orten, die ich besucht habe, eine so machtvolle Verehrung gesehen, die Frucht jener Frömmigkeit, die man sehr oft in Lateinamerika findet und die aus dem Zusammentreffen ursprünglicher Kulturen und dem christlichen Glauben erwachsen ist. Auch das ist ein Geschenk des Herrn in einer inzwischen säkularisierten Welt. Es ist das Wirken des lebendigen Gottes in der Geschichte!

Was ich in Luján erlebt habe, hatte ich schon mal erlebt, im Mai 2007, und zwar in Aparecida in Brasilien, einem der größten Marienwallfahrtsorte der Welt, der jedes Jahr zehn bis elf Millionen Pilger aus der ganzen Welt anzieht. Dort nahm ich an der fünften Generalkonferenz des Episkopats von Lateinamerika und der Karibik teil und leitete die Kommission für die Abfassung des Abschlussdokuments. Es war tatsächlich ein Moment der Gnade. Ich arbeitete eng mit Don Víctor Manuel Fernández zusammen, der in diesen Jahren an der Katholischen Universität von Argentinien lehrte. Im Sommer 2023 habe ich ihn zum Präfekten des Dikasteriums für die Glaubenslehre ernannt und im September desselben Jahres zum Kardinal. Manchmal saßen wir bis drei Uhr morgens an den Dokumenten und wurden dabei von den Gesängen und Gebeten der Pilgernden begleitet, die bei der Basilika angekommen waren. Von den Fenstern unseres Zimmers aus bekamen wir alles mit. Wir nahmen alle Anregungen und Vorschläge auf, die von der Basis, vom Volk Gottes, kamen, und ich kann sagen, dass der Heilige Geist dort am Werk war!

Das Abschlussdokument basiert auf drei Säulen: auf der Annahme all dessen, was vom Volk kommt; auf einer missionarischen Kirche *im Aufbruch*, die den Menschen und Gemeinschaften entgegengeht und das Geschenk der Begegnung mit Christus, dem Retter, mit ihnen teilt; und auf der Volksfrömmigkeit, die es uns erlaubt, den Glauben weiterhin auf einfache und ursprüngliche Art zu überliefern. Ich erinnere mich noch, als wäre es gestern gewesen, an die Ansprache von Benedikt XVI. zur Eröffnung der Arbeiten der Generalkonferenz am 13. Mai 2007, in der er sich fragte: »Wie kann die Kirche zur Lösung der dringenden sozialen und politischen Probleme beitragen und auf die große Herausforderung der Armut und des Elends antworten? [...] Sowohl der Kapitalismus als auch der Marxismus haben versprochen, den Weg zur Schaffung gerechter Strukturen zu finden, und behaupteten, diese würden, sobald sie festgelegt seien, von allein funktionieren; sie behaupteten, sie würden nicht nur keiner vorausgehenden Sittlichkeit des Individuums bedürfen, sondern würden die allgemeine Sittlichkeit fördern. Und dieses ideologische Versprechen hat sich als falsch erwiesen. Die Fakten haben das offenkundig gemacht. Das marxistische System hat dort, wo es zur Herrschaft gelangt war, nicht nur ein trauriges Erbe ökonomischer und ökologischer Zerstörungen, sondern auch eine schmerzliche geistige Zerstörung hinterlassen. Und dasselbe sehen wir auch im Westen, wo der Abstand zwischen Armen und Reichen beständig wächst und wo durch Drogen, Alkohol und trügerische Vorspiegelungen von Glück eine beunruhigende Zersetzung der persönlichen Würde vor sich geht. [...] Wo Gott fehlt – Gott mit dem menschlichen Antlitz Jesu Christi –, zeigen sich diese Werte nicht mit ihrer ganzen Kraft und es kommt auch nicht zu einem Einvernehmen über sie. Ich will damit nicht sagen, daß Nichtgläubige keine hohe und vorbildliche Sittlichkeit leben können; ich sage nur, daß eine Gesellschaft, in der Gott nicht vorkommt, nicht das notwendige Einvernehmen über die sittlichen Werte und nicht die Kraft findet, um – auch gegen die eigenen Interessen – nach dem Vorbild dieser Werte zu leben.«[XXII]

Prophetische Worte, die uns während des gesamten Ausarbeitungsprozesses des Dokuments begleiteten und zu denen wir vor allem Stellung beziehen durften, als wir über die vielfältigen gesellschaftlichen Probleme und den Kampf gegen die Armut, die durch die Krisen erzeugt worden war, diskutierten. Wir waren dem Papst wirklich dankbar für diese Ansprache; ich selbst habe sie mehrfach gelesen, ebenso wie das Abschlussdokument von Aparecida, das auch heute noch äußerst aktuell ist.

Nicht zuletzt deshalb war es ein Schock, als ich am 11. Februar 2013 erfuhr, dass Benedikt XVI. beschlossen hatte, auf das Papstamt zu verzichten.

XII.

DER RÜCKTRITT VON PAPST BENEDIKT XVI.

Durch die Räume des Erzbischöflichen Ordinariats hallt das penetrante Klingeln des Telefons. Es ist acht Uhr morgens, und der Anrufer weiß genau, dass Kardinal Bergoglio zu dieser Zeit bereits arbeitet. Doch Pater Jorge hat nach dem Lesen der Messe, anstatt direkt ins Büro zu gehen, noch einen kurzen Abstecher zu Canal 21, dem 2004 gegründeten Fernsehsender der Erzdiözese, gemacht. Der Kanal strahlt jeden Samstag ein Programm mit dem Titel *Biblia, diálogo vigente* (Bibel, aktueller Dialog) aus, einen gut einstündigen Runden Tisch unter Leitung des protestantischen Pastors Marcelo Figueroa, Bibelwissenschaftler und Journalist, mit Kardinal Bergoglio und Abraham Skorka, Rabbiner der jüdischen Gemeinde Benei Tikva und Rektor des Lateinamerikanischen Rabbinerseminars. In jeder Folge widmen sich die drei Gesprächspartner und langjährigen Freunde auf Basis der heiligen Texte im interreligiösen und ökumenischen Dialog verschiedenen Themen wie Friede, Glaube, Einsamkeit, Glück, Inklusion ...

Die Sendung hat sich zu einem Pflichttermin für die katholischen Zuschauer entwickelt, obwohl sie beinahe zufällig und ohne große Erwartungen entstand. Es war Figueroa, der

Bergoglio 2011 vorschlug, den ökumenischen Dialog ins Fernsehen zu bringen, und der Kardinal stimmte nach einiger Überlegung zu, versuchsweise vier Folgen zu machen, weil er dieses Medium als gut geeignet für die Missionsarbeit hielt. Nach den ersten vier Folgen befürwortete Pater Jorge das Programm, das sich zudem auf den interreligiösen Dialog zu konzentrieren begann. Figueroa, Skorka und Bergoglio trafen sich zum Frühstück in der Synagoge und diskutierten über die Themen, die behandelt werden sollten, während ihre Freundschaft von Tag zu Tag wuchs.

»Das Begrüßungskomitee wünscht einen guten Morgen«, scherzt Julio, der Generaldirektor des Senders, der den sechsundsechzigjährigen Jesuiten wie fast jedes Mal empfängt. Die zwei kennen sich seit Mitte der 1990er-Jahre, als Julio vom damaligen Erzbischof Quarracino zum Direktor des Diözesanradios ernannt wurde. In dieser Funktion begegnete er schon bald dem Erzbischof-Koadjutor Bergoglio, und seit dieser Zeit sind die beiden regelmäßig in Kontakt.

Es ist der Morgen des 11. Februar 2013, der Kardinal ist hauptsächlich zum Sitz von Canal 21 gekommen, um den Mitarbeitern Hallo zu sagen, aber auch, um ein paar Dinge bezüglich der kommenden Aufzeichnungen und Sendungen zu besprechen. Zudem will er bei dieser Gelegenheit gleich noch ein paar DVDs abholen, die ihm Julio geschenkt hat; hin und wieder bittet der Kardinal, der zu Hause keinen Fernseher hat, die Leitung von Canal 21 nämlich, dort den einen oder anderen Film ansehen zu dürfen, der ihn interessiert.

»Eminenz, diese Filme werden Ihnen bestimmt gefallen …«, sagt Julio voller Überzeugung und reicht ihm die noch originalverpackten DVDs.

»Dir ist schon klar, dass ich trotzdem hierherkommen werde, um sie anzuschauen, oder? Der DVD-Spieler, den du mir geliehen hast, ist viel zu kompliziert zu bedienen …«, witzelt Pater Jorge beim Verlassen des Büros.

»Die Tür hier ist immer offen«, versichert ihm Julio, während er ihn zum Ausgang begleitet.

»Auch noch in ein paar Monaten, wenn ich in Rente gehe? Du hast doch nicht etwa vergessen, dass ich meinen Rücktritt eingereicht habe?«, verabschiedet sich Bergoglio lachend, bevor er sich mit seiner schwarzen Tasche auf den Weg zum Ordinariat macht.

Dort sitzt Otilia, die Sekretärin, am Schreibtisch und hat schon vier Zigaretten geraucht. Sie hat einige Briefe, die im E-Mail-Postfach eingegangen sind, ausgedruckt und bringt gerade Ordnung in die Liste der Besucher, die der Erzbischof im Lauf des Vormittags empfangen wird. Für sechs Uhr abends ist anlässlich des liturgischen Gedenkens an Unsere Liebe Frau in Lourdes an diesem Tag ein Freiluftgottesdienst vor der nach ihr benannten Kirche im Barrio Flores geplant, jenem Viertel, in dem Bergoglio das Licht der Welt erblickt hat. Im Büro des Erzbischofs klingelt derweil wieder und wieder das Telefon.

Er nimmt den Hörer ab. »Hallo?«

»Eminenz, ich bin's, Gerry aus Rom, ich hoffe, ich störe nicht: Der Papst ist zurückgetreten …«

Für ein paar Sekunden war ich wie gelähmt, ich konnte kaum glauben, was mir mein Gesprächspartner gerade am Telefon gesagt hatte. Es war eine Nachricht, von der ich mir nicht vorstellen konnte, dass ich sie je in meinem Leben hören würde: Der Rücktritt eines Papstes war bis dahin tatsächlich etwas Unvorstellbares, obwohl er im Kanonischen Recht vorgesehen war. Im ersten Augenblick sagte ich mir selbst: »Das muss ich falsch verstanden haben, das ist nicht möglich.« Doch dann wurde mir klar, dass Benedikt sicher lange nachgedacht und gebetet hatte, bevor er diese historische und mutige Entscheidung traf. Offensichtlich hatte er, da ihn die Kräfte mehr und mehr verließen, begriffen, dass in der Kirche der einzige Unersetzbare der Heilige Geist und der einzige Herr Jesus Christus ist. Daher war er ein großer Papst, bescheiden und aufrichtig, der die Kirche bis zum Schluss liebte.

Der Anrufer an diesem Morgen war Gerry O'Connell, ein befreundeter Journalist, den ich seit vielen Jahren kenne. Er sagte nur diese Worte, »Der Papst ist zurückgetreten«, dann legte er mehr oder weniger gleich wieder auf, weil er bis zum Hals in Arbeit steckte, versprach mir aber, sich später noch einmal zu melden. Zwei oder drei Stunden später rief er wieder an und erzählte mir Näheres. Der Rücktritt, sagte er, werde am Abend des 28. Februar um 20 Uhr in Kraft treten und das Konklave werde ziemlich sicher direkt nach dem 10. März stattfinden. Er rief mich auch in den folgenden Tagen immer wieder an und informierte mich unter anderem darüber, dass sich Benedikt XVI. am Morgen des 28. Februar vom Kardinalskollegium verabschieden werde und daher alle Kardinäle zu dem Treffen nach Rom einbestellt würden. Die Zeit der Sedisvakanz würde am selben Tag um 20 Uhr beginnen.

Ehrlich gesagt versuchte ich Besuche im Vatikan tunlichst zu meiden. Ich blieb lieber unter meinen Leuten, außerdem bereitete mir der Pomp dieser Paläste Unbehagen. Deshalb hatte ich, als ich noch nichts von besagter Audienz mit allen Kardinälen wusste, bereits einen Hinflug nach Rom kurz vor Beginn des Konklaves und einen Rückflug nach Buenos Aires am Samstag, dem 23. März, dem Tag vor Palmsonntag, gebucht. Ich war mir sicher, dass in der Karwoche kein neuer Papst den Lateran in Besitz nehmen würde und ich daher rechtzeitig zu den Osterfeierlichkeiten wieder zu Hause sein würde. Kurzum, ich wollte nur so lange wie unbedingt nötig im Vatikan bleiben. Ich war in Gedanken schon bei der Osterfeier in Argentinien und vor allem bei den Homilien, die es für die Karwoche vorzubereiten galt.

Doch nachdem ich über Gerry vom Treffen Benedikts mit dem Kardinalskollegium Ende Februar erfahren hatte, machte ich mich zum Büro von Alitalia auf, das nur gute vierhundert Meter vom Ordinariat entfernt lag, um das Datum des Hinflugs auf den 25. Februar vorzuverlegen. Es war zwei Uhr nachmittags, ich ging zu Fuß dorthin und geduldete mich, nachdem ich eine Nummer gezogen hatte, im Wartebereich, bis ich an der Reihe war. Etwa eine halbe Stunde später, ich betete gerade einen Rosenkranz, kam jemand auf mich zu, den ich nicht kannte.

»Eminenz, was machen Sie denn hier?« Es war der Leiter des Büros.

»Ich möchte ein Ticket umbuchen ...«, antwortete ich.

»Kommen Sie mit mir, ich übernehme das.«

Also folgte ich ihm, und wir änderten das Abflugdatum; dann reichte er mir hundertzehn Dollar.

»Wofür?«, fragte ich.

»Die Umbuchung ist von Vorteil für Sie, das neue Ticket ist billiger als das, das Sie vorher hatten! Bitte, es ist Ihr Geld.«

Ich kehrte ins Ordinariat zurück und begann mich um die vielen Termine zu kümmern, die ich auf die Zeit nach meiner Rückkehr aus Rom verschieben musste. Der Kalender war randvoll mit Treffen, Gottesdiensten und Besuchen in der ganzen Stadt, außerdem hatte ich bereits die Aufzeichnung des Fernsehprogramms vereinbart. Ich informierte meine Freunde über meine bevorstehende Reise und gab auch Marcelo und Abraham Bescheid, dass ich eine Weile nicht da sein würde. Ich versicherte den beiden, dass wir direkt nach meiner Rückkehr, also noch vor Ostern, die nächste Folge aufzeichnen würden, in der es um das Thema Freundschaft gehen sollte.

Marcelo hatte ich Anfang 2000 kennengelernt, als er Generalsekretär der argentinischen Bibelgesellschaft war, den Rabbiner Skorka hingegen bei den zweimal jährlich stattfindenden Grußworten in der Kathedrale nach dem *Te Deum*, jener alten christlichen Dankeshymne, die in Argentinien am 25. Mai, dem Nationalfeiertag, im Beisein des Präsidenten und am 31. Dezember zum Jahresende gesungen wird. Abraham hat einen messerscharfen Verstand, aber er ist ein River-Plate-Fan, und das spricht nicht gerade zu seinen Gunsten! Was das angeht, habe ich ihn im Mai 1999 einmal auf den Arm genommen. Wir waren zu den üblichen Grußworten in der Kathedrale, und ich sagte zu ihm: »Ich glaube, dieses Jahr gibt es Hühnersuppe bei uns von San Lorenzo ...« Den Witz versteht nur, wer die Welt des argentinischen Fußballs kennt. Die River-Spieler werden von ihren Gegnern *gallinas*, Hühner, genannt, weil sie am Ende der Saison oft zu zögerlich, der spanischen Redewendung zufolge eben feige wie Hühner, gespielt und dadurch die Meisterschaft verloren hatten, und das trotz ihres vielversprechenden Potenzials. Der Spitzname wurde am 29. Mai 1966 geboren, als ihre eigenen Fans sie nach der demütigenden Niederlage gegen die uruguayische Mannschaft Peñarol so bezeichneten (und sogar ein echtes Huhn mit einem aufgemalten roten Diagonalbalken im Strafraum aussetzten, A. d. Ü.). Als ich Abraham in jenem Mai 1999 traf, war San Lorenzo auf dem besten Weg, sich den Meistertitel zu holen, und ich zog ihn ein bisschen auf, unter den Augen des Apostolischen Nuntius, der nichts kapierte!

Vor meiner Abreise nach Rom verabschiedete ich mich auch von Julio und den Mitarbeitern von Canal 21, wohin ich ab und zu ging, um die DVDs zu schauen, die sie mir geschenkt hatten. Ich erinnere mich noch an *Das Leben ist schön* von Roberto Benigni, an *Babettes Fest* von Gabriel Axel und an weitere Meisterwerke des Kinos. Auf dem Schreibtisch in meinem Büro ließ ich neben dem Film *Habemus Papam – Ein Papst büxt aus* von Nanni Moretti, den ich nach meiner Rückkehr schauen wollte, zwei Homilien zurück, eine für Palmsonntag und eine für die Chrisammesse, die ich in dieser Woche halten sollte. Doch es sollte anders kommen!

Nach einer langen, anstrengenden Reise entdeckte ich, am Flughafen Fiumicino angekommen, am Gepäckband bekannte Gesichter. Zum einen Kardinal Odilo Pedro Scherer, den Erzbischof von São Paulo, der von der Presse als einer der *papabili*, also »papstfähigen« Kardinäle, gehandelt wurde, und zum andern Kardinal Luis Antonio Tagle, damals Erzbischof von Manila, den die Journalisten ebenfalls zu den Papstanwärtern zählten und der von seinem Landsmann Ricardo Vidal begleitet wurde. Wir standen da in unseren Priesteranzügen und Kollarhemden mit Stehkragen, nur Tagle war in Jeans und Poloshirt angereist. Als ich ihm am nächsten Morgen wiederbegegnete, begrüßte ich ihn: »Gestern am Flughafen habe ich einen jungen Mann gesehen, der Ihnen ähnelte!«, und wir mussten beide lachen.

Am Vormittag des 28. Februar schließlich begab ich mich in den Clemenssaal, um mich von Papst Benedikt zu verabschieden. Als großer Theologe, der er war, hielt er eine tiefsinnige Ansprache, die sich mir ins Gedächtnis eingebrannt hat, auch, weil er an zwei Stellen Romano Guardini zitierte, mit dem ich mich während meiner Doktorarbeit eingehend befasst hatte. Die Worte des Theologen entlehnend, sagte er: »Die Kirche ›ist keine erdachte und konstruierte Institution [...], sondern ein lebendiges Wesen [...] Sie lebt durch die Zeit weiter; werdend wie alles Lebendige wird; sich wandelnd [...] dennoch im Wesen immer die Gleiche und ihr Innerstes ist Christus.‹«[XXIII]

Wir alle spendeten ihm minutenlangen Applaus. Bei diesem Treffen erklärte Papst Benedikt, dass er schon jetzt dem neuen Papst, der im Konklave gewählt werden würde und sich unter uns befand, bedingungslosen Respekt und Gehorsam verspreche. Es hat mich in den Jahren darauf sehr geschmerzt, mitansehen zu müssen, wie seine Rolle als emeritierter Papst von skrupellosen Menschen zu ideologischen und politischen Zwecken instrumentalisiert wurde, die, nachdem sie seinen Rücktritt nicht akzeptiert hatten, an ihren eigenen Vorteil und die Pflege ihres eigenen kleinen Gartens dachten und dabei die dramatische Möglichkeit eines Bruchs innerhalb der Kirche unterschätzten.

Um eben solchen Entwicklungen vorzubeugen, waren wir 2013, als ich ihn direkt nach meiner Wahl in Castel Gandolfo besucht hatte, gemeinsam übereingekommen, dass es besser sei, wenn er nicht zurückgezogen leben würde, wie anfangs von ihm gedacht, sondern weiterhin Kontakte pflegen und am Leben der Kirche teilnehmen sollte.

Leider hat das kaum etwas genützt, denn an Polemik hat es in den letzten zehn Jahre beileibe nicht gefehlt, und die hat uns beiden geschadet. Als er mich als Nachfolger einarbeitete, übergab er mir unter anderem eine weiße Schachtel mit einem Dossier, das sich mit dem Finanzskandal beschäftigte, in den damals auch der Vatikan verwickelt war; verfasst worden war es von drei Kardinälen, alle über achtzig: Julián Herranz, Jozef Tomko und Salvatore De Giorgi. Benedikt erklärte mir, welche Schritte er unternommen hatte – er hatte die beteiligten Lobbyisten aus ihren Ämtern entlassen und die Korruption unterbunden –, und wies mich auf weitere Situationen hin, in denen es Vorkehrungen zu treffen galt, wobei er mir deutlich sagte, dass der Staffelstab nun an mich übergeben sei und ich die Verantwortung dafür trage. Und ich genauso habe ich es dann auch gemacht und mache es weiter so, wie er mir geraten hat.

Doch zurück zur Versammlung im Clemenssaal: Nach Papst Benedikts Ansprache ging ich wie alle meine Kardinalsbrüder zu ihm, um ihm die Hand zu schütteln und ihm für alles, was er getan hatte, zu danken. Er war sehr nett und dankte auch mir, dass ich zur Audienz gekommen war. Um Punkt 20 Uhr begann die Phase der Sedisvakanz: Die Kirche hatte keinen Papst mehr. An diesem Abend versiegelte der Camerlengo, Kardinal Tarcisio Bertone, die päpstliche Wohnung und fing gemeinsam mit dem Kardinalskollegium an, sich um die Abwicklung der Geschäfte zu kümmern. Gleichzeitig begannen mit der Generalkongregation, die uns vom 4. März bis zum Vormittag des 11. März täglich in Beschlag nehmen sollte, die Vorbereitungen zum Konklave.

Die Ankunft der Kardinäle aus der ganzen Welt im Vatikan wird von den Fernsehkameras der internationalen Medien eingefangen. Allesamt im Talar, treffen die einen zu Fuß ein, vor allem die, die eine Unterkunft in der Nähe gefunden haben oder im kleinen Kirchenstaat leben, andere kommen mit dem Auto, besonders die Älteren oder diejenigen, die ein paar Kilometer entfernt wohnen. Bevor sie die Aula Nuova der Synode betreten, in der die Versammlungen stattfinden, begrüßen sich die Kardinäle vor dem Eingang des Gebäudes und halten unter den neugierigen Blicken der Fotografen einen kurzen Schwatz. Die Amerikaner kommen geschlossen als Gruppe an, im Bus; auch einige Brasilianer erscheinen gemeinsam, ebenso wie ein Grüppchen Italiener.

Manche bleiben stehen, um mit den Journalisten zu sprechen, andere gehen den Fragen und Kommentaren aus dem Weg und verschanzen sich gemäß den Regeln der Kongregationen hinter Schweigen. Eine Gruppe von Demonstranten protestiert gegen die Anwesenheit einiger Kardinäle, denen vorgeworfen wird, in ihren Diözesen Missbrauchsfälle unter den Teppich gekehrt zu haben: Sie verlangen, dass sie vom Konklave ausgeschlossen werden. Auch Autogrammjäger sind da, Sammler oder einfach nur Neugierige, die die Kardinalsunterschriften teils online teuer weiterverkaufen werden.

Kardinal Bergoglio, in seinen schwarzen Mantel gehüllt, kommt allein, zu Fuß; mit der Tasche in der Hand und ohne den scharlachroten Pileolus auf dem Kopf läuft er über den Petersplatz. Die Gläubigen und Journalisten erkennen ihn nicht, niemand hält ihn auf, weshalb er pünktlich eintreffen wird. Der Jesuit war auch diesmal eine gute halbe Stunde unterwegs, er ist wieder im Priestergästehaus in der Via della Scrofa nahe der Piazza Navona untergekommen und hat den üblichen langen Spaziergang hinter sich.

Es ist bereits der 9. März, und der Erzbischof von Buenos Aires, der unter den Journalisten bereits beim Konklave im Jahr 2005 als einer der Papstanwärter galt, hat für die an diesem Vormittag stattfindende IX. Kongregation eine kurze Ansprache vorbereitet, die er vor dem gesamten Kardinalskollegium halten wird, eine Reflexion darüber, wie die Kirche seiner Meinung nach sein sollte, weit weg von Selbstbezogenheit und Weltlichkeit. Er liest auch ein von ihm erstelltes Kurzprofil des zukünftigen Papstes vor.

»Kardinal Jorge Mario Bergoglio, Erzbischof von Buenos Aires, hat darum gebeten sprechen zu dürfen. Bitte, Eminenz ...«

Pater Jorge erhebt sich, nimmt das handgeschriebene und auf Spanisch verfasste Manuskript, das er vorbereitet hat, in die Hand und beginnt zu lesen, wohl wissend, dass ihm nur wenig Zeit zur Verfügung steht. Nach drei Minuten wird sich das Mikrofon automatisch abschalten.

Guten Morgen, ich habe Bezug genommen auf die Evangelisierung. Sie ist der Daseinsgrund der Kirche. Es ist die »süße, tröstende Freude, das Evangelium zu verkünden« (Paul VI.). Es ist Jesus Christus selbst, der uns von innen her dazu antreibt.

1. Evangelisierung setzt apostolischen Eifer voraus. Sie setzt in der Kirche kühne Redefreiheit voraus, damit sie aus sich selbst herausgeht. Sie ist aufgerufen, aus sich selbst herauszugehen und an die Ränder zu gehen. Nicht nur an die geografischen Ränder, sondern an die Grenzen der menschlichen Existenz: die des Mysteriums der Sünde, die des Schmerzes, die der Ungerechtigkeit, die der Ignoranz, die der fehlenden religiösen Praxis, die des Denkens, die jeglichen Elends.

2. Wenn die Kirche nicht aus sich selbst herausgeht, um das Evangelium zu verkünden, kreist sie um sich selbst. Dann wird sie krank (vgl. die gekrümmte Frau im Evangelium). Die Übel, die sich im Laufe der Zeit in den kirchlichen Institutionen entwickeln, haben ihre Wurzel in dieser Selbstbezogenheit. Es ist ein Geist des theologischen Narzissmus. In der Offenbarung sagt Jesus, dass er an der Tür steht und anklopft. In dem Bibeltext geht es offensichtlich darum, dass er von außen klopft, um hereinzukommen ... Aber ich denke an die Male, wenn Jesus von innen klopft, damit wir ihn herauskommen lassen. Die egozentrische Kirche beansprucht Jesus für sich drinnen und lässt ihn nicht nach außen treten.

3. Die um sich selbst kreisende Kirche glaubt – ohne dass es ihr bewusst wäre –, dass sie eigenes Licht hat. Sie hört auf, das »Geheimnis des Lichts« zu sein, und dann gibt sie jenem schrecklichen Übel der »geistlichen Mondänität« Raum (nach Worten de Lubacs das schlimmste Übel, was der Kirche passieren kann). Diese (Kirche) lebt, damit die einen die anderen weihräuchern.

4. Was den nächsten Papst angeht: (Es soll ein Mann sein) der aus der Betrachtung Jesu Christi und aus der Anbetung Jesu Christi der Kirche hilft, an die existenziellen Enden der Erde zu gehen, der ihr hilft, die fruchtbare Mutter zu sein, die aus der »süßen und tröstenden Freude der Verkündigung« lebt.

Vereinfacht gesagt: Es gibt zwei Kirchenbilder: die verkündende Kirche, die aus sich selbst hinausgeht, die das »Wort Gottes ehrfürchtig vernimmt und getreu verkündet«; und die mondäne Kirche, die in sich, von sich und für sich lebt. Dies muss ein Licht auf die möglichen Veränderungen und Reformen werfen, die notwendig sind für die Rettung der Seelen.[XXIV]

Diese Ansprache besiegelte mein Schicksal! Knappe drei Minuten, die mein Leben veränderten. Am Ende meines Vortrags brandete Applaus auf, und später erfuhr ich, dass mein Name ab diesem Moment die Runde machte. Offen gestanden, war mir das damals bis zum letzten Tag nicht bewusst. Ich war, wie bereits gesagt, in Gedanken bei den Predigten, die ich auf meinem Schreibtisch in Buenos Aires zurückgelassen hatte, und konnte es kaum erwarten, nach Hause zu kommen. An den beiden Wahltagen, dem 12. und 13. März, wurde viel über mich gesprochen, so hat man mir zumindest erzählt, und tatsächlich votierte beim ersten Wahlgang der eine oder andere für mich. Ich dachte jedoch, das seien »geparkte Stimmen«, also die Verlegenheitsstimmen derer, die sich noch nicht für einen bestimmten Kandidaten entschieden hatten.

Dann, am zweiten Tag der Wahl, dem 13. März, gab es, nachdem ich den Vormittag über zum zweiten und dritten Wahlgang in der Sixtinischen Kapelle gewesen war, drei überdeutliche Signale.

Ich muss vorausschicken, dass wir, um keinen Kontakt zur Außenwelt zu haben, während des Konklaves alle im Gästehaus Santa Marta übernachteten. Als wir zum Mittagstisch dorthin zurückkehrten, ging ich vor dem Essen in den fünften Stock zum Zimmer von Kardinal Jaime Ortega y Alamino, dem Erzbischof von Havanna, der mich um eine Kopie meiner Ansprache gebeten hatte. Ich besaß keine Kopien, überreichte ihm dafür aber die Abschrift, mich dafür entschuldigend, dass sie handgeschrieben war. »Oh, wie schön«, meinte er, »ein Souvenir vom neuen Papst, das ich mit nach Hause nehmen kann ...« Das war der erste Wink mit dem Zaunpfahl, aber noch begriff ich nicht.

Ich nahm den Aufzug, um in mein Zimmer in der zweiten Etage zu fahren, doch zuvor hielt er in der vierten, und

Kardinal Francisco Errázuriz, der emeritierte Erzbischof von Santiago de Chile, den ich seit den Zeiten von Aparecida kannte, trat ein.

»Und, bist du schon vorbereitet?«, fragte er.

»Worauf?«, erwiderte ich neugierig.

»Auf die Worte, die du sagen wirst, wenn du dich in der Loggia des Petersdoms zeigst ...«, gab er zur Antwort.

Das war der zweite Hinweis, aber auch diesmal begriff ich nicht.

Schließlich begab ich mich zum Mittagessen in den Speisesaal, den ich gemeinsam mit Kardinal Leonardo Sandri betrat. Ein paar europäische Kardinäle, die schon da waren, sagten: »Kommen Sie, Eminenz, kommen Sie her, erzählen Sie uns ein bisschen was von Lateinamerika ...«

Ohne mir groß Gedanken zu machen, folgte ich ihrer Einladung, aber sie nahmen mich regelrecht ins Kreuzverhör und fragten mich tausend Dinge.

Nach dem Essen, als ich schon gehen wollte, kam Kardinal Santos Abril y Castelló auf mich zu, den ich in seiner Zeit als Apostolischer Nuntius in Argentinien gut kennengelernt hatte. »Eminenz«, sagte er, »entschuldigen Sie die Frage, aber stimmt es, dass Ihnen ein Lungenflügel fehlt?«

»Nein«, antwortete ich, »mir fehlt nur der obere rechte Lungenlappen.«

»Seit wann?«, hakte er nach.

»Seit 1957, als ich einundzwanzig war.«

Er wurde ernst und meinte ziemlich genervt: »Immer diese Manöver in letzter Sekunde ...«

Und erst in diesem Moment wurde mir klar, dass die Kardinäle mich als Nachfolger von Benedikt XVI. in Erwägung zogen.

Am Nachmittag kehrten wir alle ins Konklave zurück. Vor der Sixtinischen Kapelle angekommen, stieß ich auf den italienischen Kardinal Gianfranco Ravasi, und wir begannen uns zu unterhalten, weil ich für meine Studien immer die von ihm kuratierten Ausgaben der Weisheitsbücher heranzog, insbesondere das Buch Hiob. In eine angeregte Diskussion vertieft, spazierten wir in der Nähe des Eingangs auf und ab. Nach dem, was beim Mittagessen geschehen war, sträubte sich wohl etwas in mir hineinzugehen, weil ich unbewusst fürchtete, es könnte zu einer erfolgreichen Wahl kommen. Wir blieben so lange vor der Tür, bis ein päpstlicher Zeremoniar heraustrat und uns fragte: »Kommen Sie nun rein oder nicht?«

Bei der ersten Abstimmung an diesem Nachmittag wurde ich beinahe gewählt, und in diesem Moment kam der brasilianische Kardinal Cláudio Hummes auf mich zu und sagte: »Hab keine Angst! So wirkt der Heilige Geist!« Beim dritten Wahlgang am frühen Abend, dem fünften dieses Tages und dem siebenundsechzigsten insgesamt, als mein Name die Zweidrittelmehrheit erreichte, erhob sich minutenlanger Applaus. Während die Auszählung weiterging, kam Hummes abermals zu mir, küsste mich und sagte den folgenden Satz, der sich mir für immer in Herz und Hirn eingebrannt hat: »Vergiss die Armen nicht …« In diesem Augenblick traf ich die Entscheidung, welchen Namen ich als Papst tragen wollte: Franziskus. Zu Ehren des heiligen Franz von Assisi. Das tat ich dann auch offiziell Kardinal Giovanni Battista Re kund. Da sowohl der Dekan, Kardinal Angelo Sodano, als auch der Subdekan, Kardinal Roger Etchegaray, über achtzig und daher vom Konklave ausschlossen waren, übernahm Re, den Vorschriften entsprechend, als ältester wahlberechtigter Kardinalsbischof in der Sixtinischen Kapelle die Aufgaben des Dekans. Er war es, der mir die vom Ritus vorgesehenen Fragen stellte: »Nimmst du deine kanonische Wahl zum Papst an?« und »Mit welchem Namen möchtest du gerufen werden?«

Mein Leben war um ein weiteres Mal durch den Plan Gottes auf den Kopf gestellt worden. Der Herr war an meiner Seite, ich spürte seine Anwesenheit, er ging mir voran und begleitete mich bei diesem neuen Amt im Dienst der Kirche und der Gläubigen, das die Kardinäle mit Hilfe des Heiligen Geistes für mich bestimmt hatten.

Als es an der Zeit war, zum ersten Mal das Gewand des Papstes anzulegen, erklärte mir der damalige Leiter des Amtes für die Liturgischen Feiern des Papstes, Monsignore Guido Marini, in der sogenannten *Stanza del pianto* (Zimmer der Tränen), mit großer Geduld alles, was zu tun war, und zeigte mir das Brustkreuz, die roten Schuhe, die weiße Soutane in drei Größen und die weiteren päpstlichen Kleidungsstücke, darunter die rote Mozzetta. Ich sagte zu ihm: »Vielen Dank für Ihre Arbeit, Monsignore, aber ich liebe meine Sachen sehr. Ich werde nur die weiße Soutane tragen und das Brustkreuz, das mich, seit ich Erzbischof bin, begleitet, und meine orthopädischen Schuhe werde ich behalten!« Mit großer Bereitwilligkeit akzeptierte er meine Entscheidung. Dann teilte ich den Zeremonienmeistern mit, dass ich nach dem *Habemus Papam* auch Kardinal Cláudio Hummes und Kardinal Agostini Vallini, den damaligen Vikar der Diözese Rom, neben mir in der zentralen Loggia des Petersdoms haben wollte. Und ich war zufrieden.

Ich muss gestehen, dass ich angesichts der riesigen Menschenmenge auf dem Petersplatz, die darauf wartete, den neuen Papst zu sehen, von meinen Gefühlen übermannt wurde. Man sah Flaggen aus der ganzen Welt, hörte Gebete und Gesänge, und alle hatten ausgeharrt, trotz des Regens. Der Heilige Geist wehte über den Menschen, es war ein Moment der Gnade für die Kirche, ein einziger Chor aus Gebeten stieg zum Himmel empor, um dem Herrn zu danken!

Ich dachte an meine Eltern, an meine Großmutter Rosa, meine Geschwister, ich dachte an all die armen und ausgegrenzten Menschen, die ich im Lauf meines Lebens kennengelernt hatte, und ich fand die nötige Kraft, indem ich mich eben an sie erinnerte und sie in den Mittelpunkt meines Dienstes zu stellen beschloss. Eine *arme* Kirche *für die Armen*, eine Kirche als *Feldlazarett*, eine *missionarische* Kirche *im Aufbruch*, mit einer reformierten römischen Kurie, so, wie vom Kardinalskollegium verlangt.

Nachdem ich das Volk begrüßt hatte, galt mein allererstes Telefonat dem emeritierten Papst, da ich ihm nochmals für seine Arbeit danken wollte. Ich ersuchte ihn, für mich zu beten, und versprach, ihn baldmöglichst zu besuchen. Gegen Abend rief ich auch Emil Paul Tscherrig an, den damaligen Apostolischen Nuntius in Argentinien, den ich im Konsistorium vom September 2023 zum Kardinal ernannt habe. Ich trug ihm auf, er möge den Bischöfen und Priestern vor Ort ausrichten, dass sie nicht zu meiner Antrittsmesse als Papst am 19. März anreisen, sondern das Geld für die Flugtickets den Armen zukommen lassen sollten.

Am nächsten Morgen zog ich zum zweiten Mal die weiße Soutane an, wobei mir der Kragen ein wenig Schwierigkeiten bereitete. Zum Glück war gerade Kardinal Paolo Romeo, der Erzbischof von Palermo, der noch im Zimmer gegenüber wohnte, auf dem Flur und half mir. Nach der Morgenmesse und dem Frühstück ging ich in die Basilika Santa Maria Maggiore, um vor dem Marienbild *Salus populi Romani* (»Heil des römischen Volkes«) zu beten und der Gottesmutter mein Pontifikat anzuvertrauen. Und da ich schon einmal außerhalb des Vatikans war, begab ich mich auch gleich noch zum Gästehaus in der Via della Scrofa, um meine letzten persönlichen Dinge zu holen und die noch offene Rechnung zu begleichen.

Später, am Nachmittag, nach der Messe in der Sixtinischen Kapelle, wurde ich in die päpstliche Wohnung in der dritten Loggia des Apostolischen Palastes geführt, doch sie erschien mir viel zu pompös für jemanden wie mich. Hätte ich mich entschieden, dort zu wohnen, hätte ich vermutlich über kurz oder lang einen Psychiater gebraucht! Ich muss unter Menschen sein, damit es mir gut geht, und dort wäre ich viel zu sehr von der Außenwelt abgeschnitten gewesen. Also war die ideale Lösung Santa Marta. In der Etage, in der ich während des Konklaves wohnte, gab es eine etwas größere Gästesuite, die für gewöhnlich dem neu gewählten Papst vorbehalten ist. Man zeigte sie mir, und nachdem sie fertig hergerichtet war, beschloss ich, dorthin umzuziehen. Sie besteht aus einem kleinen Empfangsraum für die Gäste, einem Schlafzimmer mit Bad und einem kleinen Arbeitszimmer mit Gästebad.

Ich habe versucht, all meine Angewohnheiten aus meiner Zeit in Buenos Aires beizubehalten, um mein Leben nicht völlig durcheinanderzubringen. Besonders schwergefallen ist mir gerade in den ersten Jahren, dass ich nicht mehr einfach so nach draußen gehen konnte, die Vororte besuchen, um den Armen zu helfen, mit den öffentlichen Verkehrsmitteln fahren oder mit Freunden eine Pizza essen konnte wie zuvor in Argentinien. Aber zum Ausgleich durfte ich viele gute Menschen kennenlernen, die ich vorher nicht kannte, und dafür danke ich dem Herrn jeden Tag. Mit meiner Familie, meiner Schwester, meinen Cousins und meinen langjährigen Freunden tausche ich mich nach wie vor ständig aus. Wir telefonieren, schreiben uns Briefe und E-Mails, nur Videoanrufe machen wir nicht, weil ich das nicht kann, aber wir bleiben über die klassischen Kanäle in Kontakt. Viele meiner Freunde aus alten Zeiten leben leider nicht mehr, aber ich denke ständig an sie und bete für sie.

Was mein Amt angeht, nehmen die Projekte kein Ende, es gibt nach wie vor viel zu tun. In den letzten Jahren habe ich vom Herrn das Geschenk erhalten, Momente großer Freude zu erleben: Ich denke an die einfachsten Dinge (wie ein Treffen oder einen Händedruck), aber auch an die wichtigsten, zum Beispiel die vielen Reisen, die ich in die ganze Welt unternommen habe, und an all die Menschen, die ich umarmen durfte, von Amerika über Afrika bis nach Asien.

Ich denke immer an meine erste Reise als neuer Papst nach Lampedusa im Juli 2013, dem Tor zu Europa, wo diejenigen ankommen, die verzweifelt eine Zukunft fernab von Kriegen und Hungersnöten suchen. Es war richtig, der Einladung von Don Stefano Nastasi, Pfarrer einer Inselgemeinde, zu folgen und von dort aus eine Reise auf der Route der Migranten zu beginnen, die in der Realität noch nicht abgeschlossen ist, denn das Thema Migration hält noch viel Arbeit und Anstrengung bereit.

Was mein Land, Argentinien, betrifft, so hat mich der neue Präsident Javier Milei zu einer »Friedensreise« eingeladen: Die Situation dort ist nicht einfach, viele Menschen leiden unter Armut und ich möchte bei ihnen sein. Ich hoffe, dass ich reisen kann, auch wenn mir das Reisen nicht mehr so leichtfällt wie früher, vor allem wegen der großen Entfernungen. Wir werden sehen, was der Herr für mich entscheidet.

Ich denke auch an den Dialog mit unseren jüdischen Brüdern und unseren orthodoxen Brüdern und an die Fortschritte, die wir darin gemacht haben, mit einem ökumenischen Weg und einem brüderlichen Dialog, der viele Früchte trägt, und an den erbaulichen Dialog mit unseren muslimischen Brüdern.

Ich denke an die Fortschritte, die die Kirche in den letzten Jahren gemacht hat, eine Kirche in Bewegung, die zuhört, wie es nur eine Mutter kann; eine synodale Kirche, geeint, die sich in den Dienst des Volkes Gottes stellt, obwohl es in ihrem Inneren solche gibt, die als Opfer von Stolz und Egoismus, Opfer teuflischer Versuchungen eine Spaltung wünschen, als ob es wie im Fußball zwei gegnerische Mannschaften gäbe.

Dann denke ich an die Frauen, die in den Strukturen der Kirche immer mehr Raum und Aufmerksamkeit finden, ich denke an die Laien und die Jugendlichen, die ein großer Schatz und eine große Hoffnung für die Zukunft sind.

Aber wir haben in den letzten Jahren sehr schmerzhafte Prüfungen erlebt und erleben sie auch noch. Ich denke an den »stückweise« dritten Weltkrieg, der die Welt schon zu lange erschüttert: Konflikte in verschiedenen Teilen des Planeten, die die Menschlichkeit und die Brüderlichkeit zwischen den Völkern zerstören und bei denen immer mehr unserer Mitmenschen unter den Bomben leiden. An diejenigen, die kein Mitleid und kein Erbarmen mit diesen Menschen haben, die sterben, appelliere ich noch einmal: Stoppt die Waffen! Stoppt die Bomben! Stoppt euren Machthunger! Hört auf, im Namen Gottes! Es ist genug, bitte!

Ich denke auch an das immer dringlichere Problem der Ausbeutung unseres gemeinsamen Hauses: der Erde. Die ökologischen Fragen und Probleme dürfen nicht länger ignoriert und aufgeschoben werden, sie sind so dramatisch und dringlich geworden, dass ich beschlossen hatte, selbst an der Klimakonferenz der Vereinten Nationen, COP 28, teilzunehmen, die zwischen Ende November und Mitte Dezember 2023 in Dubai stattfand. Wegen einer Lungenentzündung rieten mir die Ärzte von dieser Reise ab, um die allzu großen Temperaturschwankungen zu vermeiden und meinen Zustand nicht zu verschlimmern. Klarstellen möchte ich: Ich wäre mit dem mir eigenen Leichtsinn trotzdem hingeflogen und hätte die Regierungschefs zu einem Kurswechsel aufgefordert.

Und wir müssen den Kurs ändern, sonst ist es das Ende von allem, und die jahrelangen Opfer sind umsonst gewesen. Am Ende folgte ich jedoch dem Rat der Ärzte und vertraute meine Rede dem vatikanischen »Außenminister« Kardinal Pietro Parolin an, der sie am 2. Dezember hielt. Was wir der Schöpfung antun, ist, wie ich bei dieser Gelegenheit sagte, eine schwere Beleidigung Gottes. Und ich möchte hinzufügen, dass es ein sehr schwerer Verrat an den Schwächsten ist, die mehr als alle anderen unter den Folgen leiden werden: Denken wir an die, die aus ihren Ländern fliehen müssen, weil dort nun Dürre herrscht, oder an all die ärmeren Länder, die von verheerenden Überschwemmungen, Sturmfluten oder anderen meteorologischen Phänomenen betroffen sind. Der Schrei des Planeten kann nicht länger ungehört bleiben: Es gibt keine Zeit mehr, wir spielen mit der Zukunft junger Menschen, mit der Zukunft der Menschheit selbst.

Und schließlich denke ich auch an die Jahre der Pandemie, die uns vor Augen geführt haben, wie fragil wir sind und wie dringend die Menschheit innehalten und in den Spiegel schauen muss, um sich selbst zu überdenken.

XIII.

DIE PANDEMIE

Das Zentrum von Rom liegt in völliger Einsamkeit. Es herrscht gespenstische Stille. Kein Lärm rund um das Kolosseum, kein Gitarrengeklimper vor dem Pantheon, die engen Gassen von Trastevere sind menschenleer, die Läden der Restaurants geschlossen, obwohl es Sonntag ist. Die Straßenmusikanten mit ihren Ziehharmonikas haben sich ebenso in Luft aufgelöst wie die Straßenverkäufer rund um den Vatikan. Der Petersplatz, normalerweise von Abertausenden Gläubigen bevölkert, die auf das Angelusgebet des Papstes warten, ist zur Mittagsstunde wie leergefegt. Franziskus hat sich nicht am Fenster gezeigt. Der Papst hat das Mariengebet hinter verschlossenen Türen gebetet, vor laufenden Fernsehkameras, die in der Privatbibliothek des Apostolischen Palasts aufgestellt wurden, damit die Menschen ihm über das Fernsehen, das Radio oder das Internet folgen können.

Die Touristen, die normalerweise Schlange stehen, um in den Petersdom zu gelangen oder die Vatikanischen Museen zu besuchen, konnten gerade noch rechtzeitig flüchten, und jetzt zeugen nur noch die Möwen von Leben, die hie und da in überquellenden Mülleimern herumstochern. Die einzigen Einwohner Roms, die man draußen sieht, sind entweder auf dem Weg ins Krankenhaus oder in die Apotheke. Oder sie stehen vor den Supermärkten an, in die man der Reihe nach eintritt, um sich mit den wichtigsten Grundnahrungsmitteln einzudecken, in der Hoffnung, dass noch etwas davon in den Regalen liegt: Mehl, Milch, Nudeln, Hefe, Wasser, Öl.

An jenem Nachmittag des 15. März 2020 werden auch keine Fußballspiele im Radio übertragen. Die Stadien sind geschlossen, die Meisterschaft ist ausgesetzt. Die Sender bringen nur Musik und Meldungen mit den Zahlen der Todesopfer. Mehr als tausendvierhundert sind es inzwischen in Italien, sagt das Bulletin, das der Zivilschutz am Abend zuvor um achtzehn Uhr herausgegeben hat, dazu mehr als zwanzigtausend Infizierte seit Beginn der Pandemie. Die Intensivstationen, vor allem die im Norden, stehen kurz vor dem Kollaps, die Seniorenheime sind tickende Zeitbomben, Italien erlebt den Albtraum der Corona-Pandemie, ausgelöst durch ein aus China eingeschlepptes Virus, das sich wie ein Ölteppich über die gesamte Welt ausbreitet, von den Vereinigten Staaten bis nach Neuseeland.

Ein paar Tage zuvor – am 9. März – hat die italienische Regierung mittels einer Verordnung des Ministerpräsidenten den Lockdown verhängt: Niemand darf mehr seine Wohnung verlassen, es sei denn aus gewichtigen Gründen, die meisten Geschäfte müssen geschlossen bleiben, um Menschenansammlungen zu vermeiden, ebenso Schulen, Kirchen, Sportstätten, Museen, Kinos und Theater. *Bleibt zu Hause!*, lautet der Befehl. Das ist auch das Mantra, das die Polizeiautos, die durch die Straßen der Großstädte fahren, über Megafondurchsagen vom Band ständig wiederholen. Sie machen das tagsüber, wenn die Städte von den wenigen, die zur Arbeit müssen, etwas belebt werden, in der Nacht herrscht Ausgangssperre.

Der Papst verfolgt seit Wochen aufmerksam die Entwicklung der Pandemie auf der ganzen Welt und liest regelmäßig die Berichte der WHO, die ihm fast jeden Tag gebracht werden. Er betet für die Opfer und ihre Familien, für alle, deren Leben völlig aus den Fugen geraten ist, für jene, die ihre Arbeit verloren haben, für die Alten, die nun völlig allein sind. Aber er findet, dass er noch mehr tun muss, um diesen unsichtbaren Feind zu stoppen.

Also beschließt der weißgekleidete Mann an diesem kalten Sonntagnachmittag während einer kurzen Autofahrt durch das scheinbar schlafende Rom, zu Fuß durch die stillen Straßen der verlassenen Hauptstadt zu gehen. Um ihn herum, diskret und mit etwas Abstand, nur die Männer der vatikanischen Gendarmerie. Papst Franziskus hat den Vatikan kurz nach vier überraschend verlassen, um zu zwei Stationen zu pilgern: zur Basilika Santa Maria Maggiore und zur Kirche San Marcello al Corso. In der Basilika befindet sich die Marienikone *Salus populi Romani*, der Franziskus sein Pontifikat anvertraut hat. In San Marcello hingegen hängt ein wundertätiges Kruzifix aus dem 14. Jahrhundert, das im Mai 1519, als ein nächtlicher Brand die Kirche völlig zerstörte, unversehrt blieb. Drei Jahre später, im Sommer 1522, als Rom von der Pest heimgesucht wurde, schulterten die Gläubigen das schwere Kreuz und trugen es in einer Prozession durch alle Viertel der Stadt bis zum Petersplatz. Dieses Ritual wiederholten sie sechzehn Tage lang, bis die Epidemie kurz vor Ende August endete.

Ich hatte lange darüber nachgedacht, hatte hin und her überlegt, welches Zeichen ich setzen könnte, und angesichts der dramatischen Lage, in der sich Italien und die Welt gerade befanden, beschloss ich etwas zu tun. Ich würde den gekreuzigten Jesus besuchen und danach die Marienikone *Salus populi Romani*. Zu ihr gehe ich jedes Mal vor und nach einer apostolischen Reise oder wenn ich mich in einer wie auch immer gearteten besonderen Situation befinde.

Ich gab der Gendarmerie vorab Bescheid, dass ich an diesem Nachmittag wegen einer wichtigen Verpflichtung ausgehen würde, und so lief ich, nachdem wir mit dem Auto ungefähr auf Höhe der Piazza Venezia angekommen waren, ein paar Meter zu Fuß die Via del Corso entlang, in Richtung der Kirche San Marcello, in der sich das wundertätige Kreuz befindet, von dem man mir erzählt hatte. Es war unglaublich. Ich befand mich an einem Sonntagnachmittag um halb fünf im Herzen Roms und war in vollkommene Stille gehüllt. Weit und breit war niemand. Kein Taxi, kein Touristenbus, nicht einmal ein Fußgänger. Es war eine so unwirkliche wie dramatische Szenerie, und ich dachte an die Menschen, die in ihren Wohnungen bleiben mussten, damit sie sich nicht ansteckten. Früher in meiner Zeit als Kardinal war ich häufig durch diese Straßen Roms spaziert, und auch als Papst war ich hin und wieder im Zentrum, um zum Optiker oder in irgendein anderes Geschäft zu gehen – und immer, zu jeder Tageszeit, waren der Verkehr, die Touristen oder die Römer omnipräsent gewesen. Vielleicht war ich auch deshalb an diesem Sonntagnachmittag so betroffen von der Stille und der Verzweiflung, die die gesamte Stadt umfing.

Auf diesem kurzen Fußweg betete ich viel zum Herrn und war in Gedanken bei den Opfern des Virus, aber auch beim gesamten Gesundheitspersonal, bei den freiwilligen Helferinnen und Helfern; ich betete für die Priester und die Schwestern, die starben, weil sie sich in den Krankenzimmern infiziert hatten; ich betete für die Regierenden, damit sie bald Lösungen finden würden. Mit Blumen in der Hand, um sie am Fuß des Kreuzes, das in einer Nische hing, niederzulegen, betrat ich schließlich die Kirche, wo mich zehn Mönche empfingen, und blieb für ein paar Minuten schweigend vor dem gekreuzigten Christus stehen. Ich sprach mit dem Herzen zu ihm, mit jener Ungezwungenheit, wie sie unter Brüdern oder Freunden herrscht; ich erflehte das Ende der Pandemie und bat ihn, sich unser aller zu erinnern und uns während dieser schweren Prüfung für die Menschheit nicht zu verlassen.

Noch am Mittag hatte ich vor dem Angelus – den ich leider hinter verschlossenen Türen beten musste – allen Priestern für ihren apostolischen Eifer und ihren Einfallsreichtum danken wollen, da in diesen Tagen vor allem die Priester in Norditalien, in der Lombardei, tausend Mittel und Wege fanden, um nah beim Volk zu sein, damit es sich nicht verlassen fühlte.

In diesem Zusammenhang rief mich auch ein Bischof an, der wegen der hohen Zahl an Krankenhauseinlieferungen und COVID-19-Fällen in seiner Diözese einen Moment großer Not durchlebte. Zutiefst betrübt erzählte er mir, dass er sieben Tage die Woche von Krankenhaus zu

Krankenhaus gehe, um die Kranken zu segnen und ihnen die Absolution zu erteilen. Allerdings machte er das vom Wartesaal aus, da ihm wegen des hohen Ansteckungsrisikos der Zutritt zu den Intensivstationen verwehrt war. Für diese Praxis hatten ihn einige gelehrte Kanoniker kritisiert, die der Meinung waren, die Absolution könne nur bei direktem Kontakt erteilt werden. »Was soll ich tun?«, wollte er von mir wissen. Er solle, riet ich ihm, einfach seine Pflicht als Priester tun und nach dem Willen des Herrn handeln. Er dankte mir, und später erfuhr ich, dass er weiterhin die Absolution erteilt hatte.

Dies sind Beispiele großer Barmherzigkeit und Liebe dem Volk gegenüber, von Priestern, die nicht solche Feiglinge sind wie Don Abbondio in den *Brautleuten* von Alessandro Mazoni, sondern die den Menschen an erste Stelle setzen. Apropos Manzonis Meisterwerk: Da fällt mir die Figur des Kardinals Federigo Borromeo ein, den ich einmal ironisch als einen »Helden« der Pest von Mailand bezeichnet habe. In seinem Bericht *De pestilentia*, den Manzoni als historische Quelle für seinen Romanentwurf nutzte, schreibt der Kardinal, er habe sich in der von der Epidemie heimgesuchten Stadt nur noch in einer durch Glasfenster geschützten Sänfte fortbewegt und einzig hinter der Scheibe hervorgewinkt, um niemandem nahezukommen. Dieses Verschanzen hinter einem Fenster gefiel dem Volk, das die Nähe und den Trost seines Hirten suchte, offensichtlich gar nicht. Während Corona hingegen waren viele Priester ihren Gemeindemitgliedern nahe, doch ich denke auch an die vielen Pflegekräfte und Ärzte, die Tag für Tag ihre Familien vernachlässigt haben, um an der Seite der Kranken zu sein.

Auch ich hätte gern mit einer noch konkreteren Geste meinen Beitrag geleistet. Wie gern wäre ich in die Krankenhäuser gegangen, um den Kranken, die allein waren, Trost zu spenden! Wie gern hätte ich die Seniorenheime besucht und mir die Geschichten der alten Menschen angehört, die Monate in der Isolation verbringen mussten! Wie gern hätte ich zusammen mit all den Menschen, die monatelang in ihren Wohnungen eingesperrt waren und nicht hinauskonnten, den Rosenkranz gebetet! Doch aus gesundheitlichen Gründen war ich gezwungen, drinnen zu bleiben, eingesperrt, und notgedrungen meine Gewohnheiten zu ändern. Ich habe sehr darunter gelitten. Zum Glück blieb ich über die modernen Kommunikationsmittel mit allen in Kontakt. Ich feierte in der Kapelle von Santa Marta die heilige Messe und bat darum, sie im Fernsehen und Internet zu übertragen, damit sich alle im Gebet vereinen konnten.

Die durch den Lockdown verursachte Zeit der Einsamkeit half mir, mich der Versuchung des Egoismus zu entziehen, weil ich Gelegenheit hatte, mehr zu beten und mehr an die Menschen zu denken. Außerdem überlegte ich lange, wie ich meine Rolle als Bischof von Rom ausfüllen sollte, sobald die Krise vorbei wäre.

In all diesen Monaten begleitete mich eine Gewissheit: Aus der Pandemie würden wir Menschen entweder besser oder schlechter hervorgehen. Der einzige Weg, um besser aus einer Prüfung wie dieser hervorzugehen, ist der, alles einer genauen Revision zu unterziehen, die dramatischsten Situationen zu analysieren und sich ihrer auf realistische Weise bewusst zu werden. Denn nur mit Realismus ist es möglich, Krisen die Stirn zu bieten. Denken wir zum Beispiel daran, wie während Corona alles zum Stillstand kam und es auf einmal so war, als hätte der Planet wieder angefangen zu atmen. Ein Widerspruch, nicht wahr? Und doch sagt ein spanisches Sprichwort: »Gott verzeiht immer, wir manchmal und die Natur nie.« Genau das ist passiert: Abgelenkt von anderen Dingen, haben wir den Katastrophen, die sich anbahnten, kaum Aufmerksamkeit geschenkt, und plötzlich hat es gekracht. Wir dürfen nie vergessen, dass alles miteinander verbunden ist und unsere Gesundheit von jenen Ökosystemen abhängt, die von Gott erschaffen wurden. Das Coronavirus ebenso wie das Abschmelzen der Gletscher oder die großen Feuersbrünste, die hektarweise Grün vernichten, sind eine Reaktion der Natur auf die Vernachlässigung und Ausbeutung durch uns Menschen.

Wir können nicht verleugnen, dass der Lebensstil, den die meisten von uns pflegen, die Umwelt erbarmungslos zerstört. Die Kontemplation ist einem hochmütigen Anthropozentrismus gewichen, der den Menschen dazu gebracht hat, sich als absoluter Herrscher über alle Kreaturen zu stellen. Doch unsere Aufgabe lautet vielmehr, zusammen mit den zukünftigen Generationen unser gemeinsames Haus zu bewachen, wieder aufzubauen, was wir zerstört haben, und all das zu korrigieren, was schon vor Corona nicht funktionierte und dazu beigetragen hat, die Krise zu verschärfen.

Es freut mich, wenn ich sehe, wie engagiert Jugendliche, vor allem Schülerinnen und Schüler, für den Erhalt unseres Planeten kämpfen und gegen die Entscheidungen der

Regierungen protestieren, die nicht genügend gegen den Klimawandel unternehmen. Die Zeit läuft uns davon, es bleibt uns nicht mehr viel, um den Planeten zu retten, und wenn ich an die jungen Leute denke, die auf die Straße gehen, sage ich immer: *Haciendo lío*, macht Radau, aber nur unter der Bedingung, dass die Demonstrationen nicht in Gewalttätigkeit münden und weder Kunstwerke noch öffentliche Räume zerstört oder verunstaltet werden. Diese Krise betrifft uns alle, ob reich oder arm, und ich bedaure, dass während der Pandemie hie und da die Heuchelei gewisser Politiker triumphiert hat, die auf der einen Seite behaupteten, sie wollten der Krise entgegentreten, sie wollten den Hunger in der Welt bekämpfen, und auf der anderen Seite Unsummen für Waffenlieferungen ausgaben. Was wir brauchen, ist Kohärenz, was wir brauchen, ist eine Renaissance, die die Menschen zurück ins Vertrauen bringt. Ergänzen möchte ich, dass wir auch mehr beten müssen. Wir beten zu wenig in dieser »flüssigen Gesellschaft«[XXV], die ohne Fixpunkte ist, überwältigt von der Unmittelbarkeit der Ereignisse, die uns keine Atempause zum Nachdenken lassen. Man betet kaum noch in der Familie, die Abendgebete in der Muttersprache oder im Dialekt, die uns unsere Großmütter beibrachten, sind in Vergessenheit geraten, und viele Leute haben die Pandemie für eine göttliche Strafe gehalten und sich vom Glauben abgewandt. Doch so ist es nicht! Der Herr liebt den Menschen, der Herr ist der Herr des Lebens und nicht des Todes! Auch deshalb wollte ich in der schwierigsten Zeit des Lockdowns auf dem Petersplatz eine besondere Andacht leiten, die die ganze Welt einschließen sollte.

»Heiliger Vater, wenn Sie wollen, können wir gehen, wir sind so weit.«

Papst Franziskus nickt: »Ja, ich komme …«

Einer seiner Kammerdiener hat kurz an die Tür geklopft und dann das Zimmer betreten, um ihm zu sagen, dass es bald Zeit für seinen Termin ist. In seinem Arbeitszimmer im Gästehaus Santa Marta ist der dreiundachtzigjährige Papst, vor sich eine eingeschaltete Lampe auf dem Schreibtisch, in die Lektüre des Evangeliums versunken und fügt noch die eine oder andere Änderung in den Text der Meditation ein, die er in Kürze lesen wird. Er hat viel daran gearbeitet, hat nach den richtigen Worten gesucht, um seinen Gefühlen Ausdruck zu verleihen und den Zuhörern Vertrauen einzuflößen. Am Eingang wartet man mit einem aufgespannten Schirm auf ihn; schon fährt der Wagen los, der ihn durch den Arco delle Campane zum Petersplatz bringen wird, wo die überlebensgroßen Statuen der Apostel Petrus und Paulus, die normalerweise über die aus der ganzen Welt kommenden Pilger wachen, in unwirklicher Stille ausharren.

Das riesige Oval liegt wie ausgestorben da, seiner üblichen Betriebsamkeit beraubt, und alles ringsum verströmt eine Atmosphäre aus Angst und Trostlosigkeit. Der prasselnde Regen tut sein Übriges, um dem Moment noch mehr Dramatik zu verleihen. Obwohl es bereits Frühling ist, hängt ein hartnäckiges Gewitter über der ganzen Stadt und erleuchtet mit seinen Blitzen den düsteren Märzhimmel. Im Hintergrund hört man die Sirenen der Krankenwagen, die mittlerweile rund um die Uhr zwischen den Kliniken und den Wohnungen derjenigen hin- und herpendeln, die von der lebensgefährlichen Lungenerkrankung betroffen sind. Die Zahl der Toten steigt täglich, in

Italien gibt es beinahe neunzigtausend Infizierte, die Menschen klammern sich an alles, was aus ihrer Sicht Besserung verspricht, sei sie auch noch so gering. Rund um den Globus trauern die Menschen um die Opfer, es scheint keinen Ausweg zu geben, keine Lösung, um den unsichtbaren Feind zu schlagen, der inzwischen bis in die letzten Winkel des Planeten vorgedrungen ist und die Nationen dazu gezwungen hat, den sozialen Kontakten einen Riegel vorzuschieben. Doch noch brennt ein Licht der Hoffnung: der Glaube derer, die zu Gott beten, damit er diese Qual beenden möge.

Der Wagen mit dem Papst an Bord ist auf Höhe des Obelisken angekommen, und Franziskus ist ausgestiegen, um zur Piazza Retta, dem Vorplatz des Petersdoms, zu gehen. Es sind die einsamen, gemessenen Schritte des Hirten, der die Hoffnung und den Schmerz der ganzen Welt auf den Schultern trägt, die Schritte des Menschen Jorge Mario Bergoglio, der den Blick auf zwei große Symbole der Hoffnung oben auf dem Vorplatz heftet: das wundertätige Kreuz von San Marcello al Corso und die Marienikone *Salus populi Romani*. Es war sein Wunsch, sie dort neben sich zu haben während der *Statio Orbis* an diesem 27. März 2020, während dieses einzigartigen Moments der spirituellen Verbindung, der gemeinschaftlichen Kommunion trotz der physischen Distanz.

Franziskus sammelt sich im Gebet; der Zeremonienmeister für die liturgischen Feiern des Papstes an seiner Seite assistiert ihm und liest aus dem Evangelium. Dann beginnt der Papst mit ruhiger, ermutigender Stimme seine Meditation vorzutragen. Seine Worte verhallen auf dem leeren Platz, doch sie erreichen die Herzen von Milliarden Menschen. Seine Ansprache verbreitet sich in der Stille, während sich die Gläubigen zu

Hause spirituell mit ihm verbinden, in der Gewissheit, dass sie nicht mehr allein sind auf diesem langen steinigen Weg, in der Gewissheit, dass die Anwesenheit des Hirten dort auf dem Platz, im strömenden Regen, sie durch den Sturm begleiten wird. Franziskus schaut in die Ferne, in Richtung der totenstillen Stadt. Seine Augen glänzen feucht. Dann wendet er den Blick nach rechts zu jener Skulptur, die den Migranten aus allen Ländern, Religionen und Zeiten gewidmet ist, einer Gruppe dicht aneinandergedrängter Männer und Frauen auf einer Art Boot.

»Seit Wochen«, beginnt Franziskus seine Ansprache, »scheint es, als sei es Abend geworden. Tiefe Finsternis hat sich auf unsere Plätze, Straßen und Städte gelegt; sie hat sich unseres Lebens bemächtigt und alles mit einer ohrenbetäubenden Stille und einer trostlosen Leere erfüllt, die alles im Vorbeigehen lähmt: Es liegt in der Luft, man bemerkt es an den Gesten, die Blicke sagen es. Wir sind verängstigt und fühlen uns verloren. Wie die Jünger des Evangeliums wurden wir von einem unerwarteten heftigen Sturm überrascht. Uns wurde klar, dass wir alle im selben Boot sitzen, alle schwach und orientierungslos sind, aber zugleich wichtig und notwendig, denn alle sind wir dazu aufgerufen, gemeinsam zu rudern, alle müssen wir uns gegenseitig beistehen. Auf diesem Boot ... befinden wir uns alle. Wie die Jünger, die wie aus einem Munde angsterfüllt rufen: ›Wir gehen zugrunde‹, so haben auch wir erkannt, dass wir nicht jeder für sich, sondern nur gemeinsam vorankommen.«[XXVI]

Glaube und Hoffnung waren in jenem Moment stärker als jedes Virus. Die Welt war in Finsternis gefangen, und so dachte ich, es sei ein Moment des Gebets vonnöten, der alle vereinte, um die Flamme der Hoffnung zu nähren, damit sie der Welt den Weg erleuchte. Die Idee dieses besonderen Gebets auf dem Petersplatz stammte von einem Priester, Don Marco Pozza, einem Gefängniskaplan aus Norditalien, der mir eine *Statio Orbis* vorgeschlagen hatte, sprich eine mächtige Geste, die die Menschen des gesamten Planeten in einem einzigen, in den Himmel steigenden Choral vereinen könne. Es war etwas Außergewöhnliches, weil ich mich noch nie in einer solchen Situation auf dem Petersplatz befunden hatte, auf dem es normalerweise vor Gläubigen wimmelte.

Viele haben sich gefragt, woran ich dachte, als ich zu Fuß zum Vorplatz ging: an nichts Besonderes, ich dachte an die Einsamkeit der Menschen. Ich war allein, und wie ich befanden sich viele Menschen auf der ganzen Welt in derselben Lage, jedoch unter gewiss weitaus schwierigeren Bedingungen. Während ich voranschritt, erfüllte mich ein Gedanke, den ich als *inklusiv* bezeichnen würde, weil mein Herz und mein Geist bei jedem menschlichen Wesen waren. Ich war ganz und gar bei euch.

Es stimmt, dass ich auf dem Platz allein war, aber nur physisch, denn spirituell war ich in Kontakt mit allen, und ich spürte diese Nähe in der Kraft des Gebetes. Das Gebet, das Wunder vollbringt. Aus diesem Grund hatte ich mir auch gewünscht, man möge das wundertätige Kreuz und die Ikone *Salus populi Romani* dort aufstellen! Ich verweilte im Gebet vor Christus am Kreuz und bat ihn, etwas gegen die Pandemie zu tun. Ich benutzte einen Ausdruck, den wir in Argentinien oft verwenden, *méte mano, por favor*, leg bitte mit Hand an. Und ich fügte hinzu: »Du hast schon im 16. Jahrhundert eine Situation wie diese gelöst, du weißt, wie das geht …« Auch ich klammerte mich ans Gebet, auf der Suche nach einem Wunder, und dasselbe machte ich vor dem Bildnis der Madonna, der ich die Welt anvertraute und die ich bat, eine Mutter zu sein, nicht nur für das italienische Volk, sondern für den ganzen Planeten. Dann schaute ich von der etwas höher gelegenen Piazza Retta aus über den verwaisten Platz. Es herrschte völlige Stille, man hörte einzig die Sirenen und das laute Prasseln des Regens. Ich dachte, dass wir, obwohl wir nicht zusammen sein konnten, es dennoch waren, wenngleich aus der Ferne; daraufhin betrachtete ich von Weitem das Denkmal der Migranten auf dem Boot und dachte an das Boot, in dem wir alle saßen, allesamt verängstigt und nicht wissend, ob wir das Ende der Reise erreichen würden.

Es war ein bitterer Augenblick, die Traurigkeit hätte leicht die Oberhand gewinnen können, aber ich sah ein Licht der Hoffnung, als ich vor der eucharistischen Anbetung die Füße des Gekreuzigten küsste. Christus ist wirklich die Erlösung für die Menschen.

Der bedeutsamste Moment war der, als ich das Allerheiligste Sakrament zum Segen *Urbi et Orbi* in den Händen hielt. Ich vertraute meine Diözese Rom und die Welt dem Herrn an und flehte ihn an, dieser Tragödie ein Ende zu setzen. Ich erinnerte im Gebet vor allem an die Familien der Opfer und an jene, die an vorderster Front im Einsatz waren, aber auch an die Familien, die unter der Last der

Restriktionen und der dadurch entfesselten Krise ächzten, an die Menschen mit schweren Behinderungen, an jene, die an den Rändern lebten und von allen vergessen schienen, die auf der Straße hausten und dem Virus schutzlos ausgeliefert waren, an die Kinder, die nicht aus dem Haus konnten, an die Menschen ohne Angehörige, aus welchen Gründen auch immer, manche fernab der Heimat, die niemanden treffen konnten, an die Migranten und überhaupt an alle ohne Papiere, an die Gefangenen ... Aber auch an all jene, die sich nicht im Rahmen einer gemeinschaftlichen feierlichen Beisetzung von ihren Liebsten verabschieden konnten.

Dieses derart bedrückende Szenario begann sich zu ändern, als es die ersten Impfstoffe gab. Der Entschluss, sich impfen zu lassen, ist immer eine ethische Entscheidung, aber ich weiß, dass sich viele in Bewegungen zusammenschlossen und sich der Gabe dieses Medikaments widersetzten, und das schmerzte mich sehr, denn meiner Meinung nach war es ein beinahe selbstmörderischer Akt der Verleugnung, das Gegenmittel abzulehnen.

Auch unter den Bischöfen gab es einige Impfgegner. Ein paar waren dem Tod nah, weil sie sich nicht impfen lassen wollten. Ich glaube, es entstand eine allgemeine Angst, weil irgendwer oberflächlich die Funktionsweise der Impfstoffe erklärt und dabei von Viren gesprochen hatte, die in den Körper injiziert würden; ein anderer behauptete, in den Ampullen sei nur Wasser; wieder andere sprachen öffentlich von Microchips, die implantiert würden, und all das trug dazu bei, Verwirrung und Panik zu stiften. Als die erste Dosis im Vatikan eintraf, meldete ich mich sofort an und ließ mich später auch wieder impfen, und Gott sei Dank habe ich mich nie angesteckt.

Aber ich litt in dieser Zeit, weil ich nicht die Hände der Gläubigen schütteln, nicht die Gesichter der Kinder und der Alten streicheln, nicht jene umarmen konnte, die nach einer Geste der Nähe verlangten. Und ich litt auch, weil ich unzählige Projekte und Reisen, die geplant waren, annullieren oder verschieben musste. Es gab viele – vor allem Arme –, die bei uns anklopften und darum baten, geimpft zu werden, also organisierten wir in Abstimmung mit dem Almosenier, Kardinal Konrad Krajewski, Impfungen für die Obdachlosen, denen der für die Impfzentren erforderliche Wohnsitznachweis fehlte. Es gab eine riesige Welle der Hilfsbereitschaft, nicht nur in Rom, sondern auf der ganzen Welt! Doch während wir anfangs alle das Gefühl hatten, im selben Boot zu sitzen, Brüder zu sein, muss ich zugeben, dass nach einer Weile die Versuchung des *Rette sich, wer kann* immer verlockender wurde. Und das lenkte den Blick von den dramatischeren Situationen auf einen selbst, auf das eigene *Ich*, wodurch das *Wir*, der Geist der Gemeinschaft, wieder in den Hintergrund rückte. Denken wir zum Beispiel an die Aufmerksamkeit den Armen gegenüber, die Hilfe suchten, um sich impfen oder im Fall einer Infektion behandeln zu lassen. Es war, als hätte man ihre Stimmen zum Schweigen gebracht. Gewiss, ihre Geschichten und ihre Gesichter gingen zu Herzen, aber in diesen Momenten der Einschränkungen – die bei einigen zu einer krankhaften Angst vor körperlichem Kontakt führten – wurde die Anwesenheit eines armen, obdachlosen oder behinderten Menschen als störend empfunden und schuf neue Ausgrenzung. Zum Glück gab es viele *gute Samariter*, gute Christen, die sich während des Lockdowns und während der gesamten Zeit der Pandemie auch um die Schwächeren kümmerten. Gott griff ein, damit diese Menschen trotz der Krise die Tür offenhielten, ohne der Wut oder der Angst zu erliegen.

Und so erhoben wir uns nach und nach wieder, die Welt schöpfte neue Zuversicht, und auch wir im Vatikan konnten unsere Tätigkeiten wieder aufnehmen, von den Audienzen bis hin zu den Messfeiern in Präsenz in der Basilika, die wieder voller Menschen war. Ich begann wieder zu reisen und Freunde und Gläubige zu treffen, obwohl ich, wenngleich nicht wegen des Coronavirus, in den darauffolgenden Monaten und Jahren meine persönlichen Erfahrungen mit Krankheit und Klinikaufenthalten machen musste.

Auch das waren einschneidende Erfahrungen, weil sie uns wachsen lassen und unser Urteilsvermögen hinsichtlich dessen, was wirklich zählt im Leben, schärfen können. Außerdem erlaubt sie die menschliche und christliche Solidarität ganz und gar im Stile Gottes zu erproben: als Nähe, Mitleid und Zärtlichkeit. Ich bin im Krankenhaus vielen Menschen begegnet, die um ihr Leben kämpften, auch Kindern, und das hat mich zutiefst berührt. Ich habe mich mehrfach gefragt, um mit Dostojewski zu sprechen: Warum müssen auch die Kinder leiden? Es ist eine Frage, auf die es keine menschliche Antwort geben kann. Die besten Antworten, die wir geben können, sind das Gebet und der Dienst an ihnen.

Apropos Kinder: Das Verschwinden einer unserer Bürgerinnen, der damals fünfzehnjährigen Emanuela Orlandi im Jahr 1983, schmerzt und beschäftigt den Vatikan weiterhin sehr. Ich bete weiterhin für ihre Familie, insbesondere für ihre Mutter. Der Vatikan hat eine Untersuchung eingeleitet, um Licht ins Dunkel der Geschichte zu bringen und die Wahrheit herauszufinden. Wenn ich von Emanuela spreche, wünsche ich mir, dass alle Familien, die den Verlust eines geliebten Menschen betrauern, meine Nähe spüren. Ich bin an ihrer Seite.

Diese Krankenhausaufenthalte haben mir viel zum Nachdenken beschert, doch gab es währenddessen den einen oder anderen, dem die Politik wichtiger war, der lieber Wahlkampf betrieb und bereits an ein neues Konklave dachte. Aber ganz ruhig, das ist menschlich, kein Grund, sich aufzuregen! Wenn der Papst im Krankenhaus liegt, macht man sich natürlich Gedanken, und es gibt immer jemanden, der aus Eigennutz oder gegen Geld in den Medien Spekulationen anstellt. Zum Glück kam mir trotz dieser schwierigen Momente niemals der Gedanke an Rücktritt, aber darüber werde ich gleich noch sprechen.

Dank der Hilfe des Herrn und dem Gebet vieler Gläubiger konnte ich weitermachen. Doch schon bald sah ich mich mit weiteren humanitären Notlagen und anderen Weltkrisen konfrontiert: zuerst dem Krieg, der Europa erschüttert hat, dem großen blutigen Konflikt in der Ukraine. Dann wütet seit Oktober 2023 ein weiterer Krieg im Nahen Osten. Ich habe gefordert und fordere auch weiterhin, dass die Kriege in der Welt ein Ende finden, dass der Dialog voranschreitet, dass allen Kindern und allen älteren Menschen, die leiden, an die wir denken, Aufmerksamkeit und Fürsorge geschenkt wird. Familien leiden unter der Entführung ihrer Angehörigen. Bei den Bombardierungen in Gaza habe auch ich einige Freunde argentinischer Herkunft verloren: Es war ein großer Schmerz! Menschen, die ich seit Jahren kannte und die durch Menschenhand plötzlich den Tod fanden. Mich schmerzte, als ich von den Opferzahlen und den Nachrichten über die Kämpfe in den Krankenhäusern hörte. Um meine Anwesenheit spürbar und bekannt zu machen, rief ich jeden Tag den Pfarrer von Gaza an, der argentinischer Herkunft ist, und einige Nonnen, die seit Jahren unter der Bevölkerung arbeiten. Im Vatikan traf ich, bei zwei verschiedenen Gelegenheiten, die Familienangehörigen israelischer Geiseln und die Familien von Palästinensern, die in Gaza unter dem Beschuss festsaßen und zwischen ihnen, das versichere ich, gab es keine Unterschiede! Ihre Blicke sprachen dieselbe Sprache: einfache Menschen, die Liebe brauchten. In ihren Augen lag kein Wunsch nach Rache, sondern allein der Wunsch nach der Stille des Friedens, nach einer friedlichen Koexistenz, ohne Drohungen und ohne Waffen. Nur so kann es für diese verwundete Menschheit eine Zukunft geben.

XIV.

EINE GESCHICHTE, DIE ERST NOCH GESCHRIEBEN WERDEN MUSS

Die Schweizer Gardisten wachen seit Stunden auf dem Flur vor dem kleinen Apartment, nicht weit vom Aufzug im zweiten Stock des Gästehauses Santa Marta. Im Hintergrund summt eine Lüftung, einer flüstert leise, um nicht zu stören, ein anderer geht vor dem Zimmer des Papstes so leise wie möglich auf und ab. Der junge Mann, eins neunzig groß, ungefähr zwanzig, beobachtet, wer eintritt und wer geht, er salutiert, quittiert den einen oder anderen Scherz mit einem Lächeln. Die Uniform im Renaissancestil scheint einem Gemälde von Raffael zu entstammen, auch wenn es der Legende nach Michelangelo war, der sie ersonnen hat. Tatsächlich war es der Kommandant Jules Repond, der sie zu Beginn des 20. Jahrhunderts entwarf, als sich niemand vorstellen konnte, dass die kommenden Jahrzehnte von zwei Weltkriegen und etlichen Ereignissen, die sich ins kollektive Gedächtnis einbrennen sollten, erschüttert werden sollten.

»Na, lebst du noch?«

Papst Franziskus ist in den Flur getreten, er will zu dem Zimmer mit den Büchern und Publikationen in verschiedenen Sprachen, die den Audienzgästen als Geschenk überreicht werden. Er ist auf der Suche nach einem Band mit seinen gesammelten Ansprachen zum Thema Europa, weil er ihn dem Besucher schenken möchte, der gleich eintreffen wird. Es ist schon das fünfte oder sechste Mal seit dem frühen Morgen, dass der siebenundachtzigjährige Papst an den Gardisten vor seinem Zimmer vorbeigeht, und inzwischen ist es bereits viertel nach drei an einem kalten Winternachmittag des Jahres 2023. Die neckische Bemerkung bringt den jungen Mann zwar durcheinander, entlockt ihm dann aber doch ein Lächeln.

»Äh ... ja, Heiliger Vater, ich lebe noch, natürlich!«, antwortet der Schweizer und grüßt militärisch, das historische Schweigen brechend, das das päpstliche Korps seit Jahrhunderten kennzeichnet.

»Hast du heute Morgen was gegessen?«, fragt der Papst.

Der Hellebardier lächelt dankbar und nickt.

Bevor der Papst das Bücherzimmer betritt, legt er einen Notizzettel unter die Statue des schlafenden heiligen Joseph, kontrolliert das Posteingangsfach und legt einige Papiere in den Postausgang. Er nimmt sich auch eine Handvoll von den gefüllten Schokoladenpralinen, die ihm einige brasilianische Bischöfe mitgebracht haben, eine Spezialität der Amazonasregion, wie sie sagten. Er will sie seinem Gast anbieten, der inzwischen im Foyer des Gästehauses eingetroffen ist. Im Erdgeschoss huschen leise Priester und Laien aus und ein, und mehrere Schweizer Gardisten in Zivil, in schwarzen Anzügen, passen gemeinsam mit den Männern der vatikanischen Gendarmerie auf, dass alles in Ordnung ist; ein Schweizer mit Headset am Ohr begleitet den Besucher ins Empfangszimmer, in dem bald auch der Papst erscheinen wird.

»Bitte warten Sie hier, danke«, sagt er mit fester Stimme

und starkem deutschschweizerischen Akzent. Zur gleichen Zeit überschreitet zwei Etagen darüber der Nachfolger Petri die Schwelle jenes in eine Bibliothek verwandelten Büros, in dem ihn der Geruch vergilbter Seiten und druckfrischer Bücher willkommen heißt. Zielsicher steuert er auf das Regal zu, das etliche Exemplare des Bandes beherbergt, den er zu seinem Termin mitnehmen will.

»Die Person, die Ihr erwartet habt, ist eingetroffen, Heiliger Vater ...«, informiert ihn einer seiner Kammerdiener.

»Ja, danke«, antwortet er, während er das Buch in eine Tasche steckt, in der sich bereits zwei andere Publikationen, ein paar kleine Rosenkränze und die brasilianischen Pralinen befinden.

Wenig später erreicht er mit dem Aufzug das Foyer; der Schweizer Gardist vor seinem Apartment hat schon einen Code an seine Kollegen im Erdgeschoss gefunkt, um sie darüber zu informieren, dass sich der Papst auf dem Weg ins Parterre des Gästehauses Santa Marta befindet. Einmal am Ziel, macht Franziskus ein paar vorbeigehende Gäste glücklich, die ihn um ein Selfie bitten. Nachdem er an die Tür geklopft hat, betritt er lächelnd den Raum, in dem sein Gast auf ihn wartet; ein riesiges Bild der *Maria Knotenlöserin* hängt an der Wand.

»Wie geht es dir? Du kannst ruhig die Jacke ausziehen, wenn du magst, bloß keine Förmlichkeiten!«, sagt der Papst zur Begrüßung und schafft dadurch sofort eine behagliche Atmosphäre. Dann lädt er seinen Gast mit einer Handbewegung ein, in einem Sessel Platz zu nehmen. Ein kurzes scherzhaftes Geplänkel, ein Moment des Gebets und eine lockere Unterhaltung über unterschiedlichste Themen, vom Krieg über den Sport und den interreligiösen Dialog bis hin zu Überlegungen, welche Rolle die Katholische Kirche in naher Zukunft spielen kann und wie sich die Gesellschaft in den nächsten Jahren verändern wird. In diesem Saal weichen die Macht und die Größe dieses Mannes, des geistlichen Führers der katholischen Welt, der schlichten Menschlichkeit, die ihn in einen Priester verwandelt, der den Gläubigen zuhört.

»Heiliger Vater, wissen Sie, was jemand geschrieben hat?«, sagt der Gast, nachdem sie eine gute halbe Stunde geplaudert haben. »Sie würden das Bild des Papsttums zerstören, weil sie die Distanz zu den Menschen aufgehoben haben …«

Franziskus lächelt, schweigt für einen Moment, lässt den Blick zur Decke schweifen, dann schaut er seinem Gegenüber in die Augen.

Ich saß tatsächlich eine Weile schweigend da und dachte darüber nach, dass mir für nichts anderes mehr Zeit bleiben würde und ich einmal die Woche einen Psychologen bräuchte, wenn ich all dem nachgehen würde, was über mich gesagt und geschrieben wurde! Aber egal, ich hatte irgendwo diese Behauptung gelesen, »Franziskus ist im Begriff, das Papsttum zu zerstören«, was soll ich darauf entgegenen? Dass meine Berufung die des Priesters ist. An erster Stelle bin ich Priester, ich bin ein Hirte, und Hirten müssen mitten unter den Menschen sein, mit ihnen reden, mit ihnen sprechen, ihnen zuhören, sie unterstützen und über sie wachen.

In der heutigen Zeit ist es nicht mehr richtig, Distanzen zu schaffen, Jesus stand nicht über dem Menschen, er war Teil von ihnen und ging an ihrer Seite. Es stimmt, dass der

Vatikan die letzte absolute Monarchie in Europa ist, und oft werden in seinem Inneren Grabenkämpfe ausgefochten und Hofintrigen gesponnen, doch das müssen wir dringend überwinden.

Erfreulicherweise hatte die Mehrheit der bei den Generalkongregationen anwesenden Kardinäle vor dem Konklave 2013 eine solche Reform gefordert! Es gab den großen Wunsch, Dinge zu ändern und Haltungen aufzubrechen, die sich bis heute leider hartnäckig halten. Es gibt immer jene, die Reformen bremsen wollen, die lieber in den Zeiten eines Papst-Königs, einer Monarchie, verharren würden oder von einem *gattopardismo* (einem nur oberflächlichen Reformwillen bei gleichzeitigem Beharren auf alten Strukturen, angelehnt an den Roman *Il Gattopardo* (dt.: *Der Leopard*) von Giuseppe Tomasi di Lampedusa, A. d. Ü.) träumen, der der Kirche mit Sicherheit nicht guttut. Apropos Konklave: Einige amerikanische Medien haben die Nachricht verbreitet, ich hätte vor, die Regeln zu ändern und auch Ordensleute und Laien zur Wahl eines neuen Papstes zuzulassen. Das sind Hirngespinste, reine Erfindungen, die offenbar in Umlauf gesetzt wurden, um in der Kirche und unter den Gläubigen Unmut, Unfrieden und Verwirrung zu schüren.

Aber ich lasse nicht ab von dem Traum: dass unsere Kirche eine milde, demütige und dienende Kirche sein möge, mit den Eigenschaften Gottes, und daher auch eine zärtliche, nahe und barmherzige. Wir müssen viele Neuerungen in Angriff nehmen, viele Projekte. Denken wir nur an das Heilige Jahr 2025, das eine große Welle des Glaubens bringen wird, aber auch eine der Hoffnung, die es wiederzuentdecken gilt. Wie müssen voller Vertrauen und Zuversicht in die Zukunft blicken, vor allem auf die jener Länder und Kontinente, in denen es den Menschen nach Glauben und Gott verlangt. Länder, in denen es ein Bedürfnis nach Gemeinschaft und Nähe gibt, und man in den Kirchen eine Oase sucht, die dieses Verlangen stillt. Einige haben in diesem Zusammenhang über eine Rückkehr zur Urkirche, den ersten christlichen Urgemeinden, spekuliert, doch das ist eine anachronistische Vorstellung. Wir müssen der Zukunft ins Auge blicken und die Dinge vereinfachen, indem wir den Klerikalismus zu überwinden suchen, die Einstellung der moralischen Überlegenheit und die Distanz zu den Gläubigen, die sich zu einer wahren Krankheit, einer Pest ausgewachsen hat! Die Kirche ist voller Heiliger, aber in manchen Fällen ist sie zu einer sündigen Kirche geworden, weil der Klerikalismus sündig ist.

Wenn ich an die Zukunft der Kirche denke, fällt mir die Theorie des damaligen Kardinals Joseph Ratzinger ein, der von einer Kirche sprach, die weiterbestehen wird, aber auf andere Art und Weise: Sie wird eine kleinere, besondere Institution sein. 1969 skizzierte der bayerische Theologe in einer Reihe von Rundfunkvorträgen seine Zukunftsvision: Was uns erwartet, wird eine Kirche sein, die von einer Minderheit ausgeht, mit wenigen Gläubigen, die den Glauben wieder in den Mittelpunkt der Erfahrung stellt; eine spirituellere, ärmere Kirche, die zu einer Heimat für die Mittellosen wird, für diejenigen, die Gott nicht aus den Augen verloren haben. Schließlich sprach Ratzinger in jenen Jahren des theologischen Streits nach dem Ende des Zweiten Vatikanischen Konzils von einem entscheidenden Moment für den Menschen, von einem Moment in der Geschichte, die den Übergang vom Mittelalter zur Neuzeit fast unbedeutend erscheinen lassen würde. In diesem Zusammenhang wurde versucht, die Priester in eine Art Funktionäre zu verwandeln, in soziale Dienstleister mit ausschließlich politischer und keinerlei spiritueller Bedeutung mehr. Auch deshalb müssen wir die Geißel des Klerikalismus bekämpfen. Sie ist eine Perversion, die das Potenzial hat, die Kirche zu zerstören, weil sie die Laienbewegung nicht fördert, sondern tötet, indem sie ihre Macht über sie ausübt!

Nicht zufällig schrieb und warnte Don Primo Mazzolari vor jenen Priestern, die, anstatt die Herzen der Brüder zu stützen und zu wärmen, die Lebenszeichen darin erstickten. Aber es kommt auch vor, dass der Klerikalismus die Laien infiziert. Das ist schrecklich, weil das Menschen sind, die nach »Klerikalisierung« verlangen und am Rand der Entscheidungsmacht bleiben, um keine Verantwortung zu tragen. Sie ist das Gegenteil der Synodalität, bei der das Volk Gottes miteinander konkurriert und aktiv am Weg der Kirche teilnimmt.

In diesem Zusammenhang schwebt mir eine Mutter Kirche vor, die alle umarmt und willkommen heißt, auch jene, die sich nicht anerkannt fühlen und in der Vergangenheit von uns verurteilt wurden. Ich denke zum Beispiel an die Homosexuellen oder die Transsexuellen, die den Herrn suchen und stattdessen zurückgewiesen oder verjagt werden. Viele haben über die *Fiducia Supplicans* gesprochen, die Erklärung des Dikasteriums für die Glaubenslehre über die Segnungen homosexueller Paare: Ich möchte nur sagen, dass Gott alle Menschen liebt, besonders die Sünder. Und wenn die Mitbrüder unter den Bischöfen nach ihrem Ermessen entscheiden, diesen Weg nicht zu gehen, bedeutet das nicht, dass dies der Vorhof zu einem Schisma ist, denn die Lehre der Kirche wird nicht in Frage gestellt. Auch bei der Synode zur Synodalität wurde mehr Achtsamkeit und ein herzlicheres Willkommen den Menschen, die dieser Gemeinschaft angehören, und ihren Eltern gegenüber gefordert. Das bedeutet nicht, dass die Kirche die gleichgeschlechtliche Ehe bejaht. Es steht nicht in unserer Macht, die vom Herrn eingesetzten Sakramente zu ändern. Die Ehe ist eines der sieben Sakramente und sieht nur eine Vereinigung von Mann und Frau vor. Das darf nicht angerührt werden.

Schon in meiner Zeit als Erzbischof von Buenos Aires habe ich vehement den Wert der Ehe unterstützt und verteidigt, und noch heute möchte ich, wie bereits im nachsynodalen Schreiben *Amoris Laetitiae* geschehen, betonen, dass es, »›was die Pläne betrifft, die Verbindungen zwischen homosexuellen Personen der Ehe gleichzustellen, [...] keinerlei Fundament dafür [gibt], zwischen den homosexuellen Lebensgemeinschaften und dem Plan Gottes über Ehe und Familie Analogien herzustellen, auch nicht in einem weiteren Sinn‹. Es ist unannehmbar, ›dass auf die Ortskirchen in dieser Frage Druck ausgeübt wird und dass die internationalen Organisationen Finanzhilfen für arme Länder von einer Einführung der ›Ehe‹ unter Personen des gleichen Geschlechts in ihrer Gesetzgebung abhängig machen‹.«[XXVII]

Anders verhält es sich jedoch mit den eingetragenen Lebenspartnerschaften, und was das angeht, habe ich bei mehreren Gelegenheiten gesagt, dass es richtig ist, wenn diese Menschen, die das Geschenk der Liebe leben, eine gesetzliche Absicherung haben können wie alle anderen auch. Jesus besuchte und ging oft auf die Menschen zu, die an den Rändern, an den existenziellen Peripherien lebten, und genau das muss die Kirche heute mit den Menschen der LGBTQ+-Gemeinschaft tun, die im Inneren der Kirche oft ausgegrenzt werden: ihnen ein Zuhause bieten, vor allem denen, die die Taufe empfangen haben und die auf jeden Fall dem Volk Gottes angehören. Und diejenigen, die die Taufe noch nicht empfangen haben und sie erhalten möchten, oder diejenigen, die Taufpate oder Taufpatin werden möchten, seien gerne aufgenommen, sofern sie einen sorgfältigen Prozess der persönlichen Entscheidungsfindung durchlaufen haben. Es ist allerdings von Bedeutung, dass bei den Gläubigen kein Skandal und keine Verwirrung entstehen: Bischöfe und Pfarrer werden die Weisheit besitzen, jeden Fall individuell zu prüfen. Wir müssen diese Menschen auf einem langen Weg des Glaubens begleiten, so wie es auch die Familiensynode verlangt hat, und mit Nachdruck jegliche Diskriminierung und Gewalttat verurteilen, die gegen diese Menschen verübt werden. Viel zu oft nämlich sind sie Opfer von Schikane und purer Grausamkeit; auch deshalb können und dürfen sie nicht hinausgeworfen werden, vor allem nicht aus der Kirche, die sie ungerechterweise häufig als faule Äpfel betrachtet hat.

Ich glaube, es ist heute von elementarer Bedeutung, die Starrheit der Vergangenheit abzulegen und von einer Kirche abzukommen, die Anschuldigungen erhebt und verurteilt, wie ich auch in einem Brief an den Präfekten des Dikasteriums für die Glaubenslehre am Tag seiner Ernennung schrieb. Diese Einstellungen haben dazu geführt, dass sich die Gläubigen abwenden. Daher ist es wichtig, den Glauben zu hüten und zu fördern, indem wir auf die Menschen zugehen, die Spitzen und Rüschen dabei im Schrank lassen und uns stattdessen auf die christliche Botschaft der Barmherzigkeit, Nächstenliebe und Verbundenheit konzentrieren.

Seit diesem letzten Treffen sind ein paar Wochen ins Land gezogen, das Leben in Santa Marta geht seinen geregelten Gang, dem schnellen Takt eines Gästehauses folgend, das auch einen besonderen Bewohner beherbergt. Es ist Dienstagmorgen, der Wochentag, an dem der Papst normalerweise keine öffentlichen Verpflichtungen und Privataudienzen im Apostolischen Palast hat. Er hat früh zu arbeiten begonnen und hört nebenher Musik. Ein Album mit den besten argentinischen Tangos der Sängerin und Komponistin Azucena Maizani, die einst in Buenos Aires eine Nachbarin von Pater Bergoglio war und 1970, kurz bevor sie starb, von ihm das Sakrament der Krankensalbung empfing. Der Heilige Vater sitzt am Schreibtisch und liest einige Dokumente, die ihm sein Sekretär am Nachmittag des Vortags gebracht hat. Er macht sich Notizen, nimmt hie und da Korrekturen vor und vermerkt Passagen, die eingefügt werden müssen. In einer halben Stunde, um halb neun, erwartet er einen befreundeten Erzbischof, um gemeinsam mit ihm an anderen theologischen Texten zu arbeiten. Danach werden sein Beichtvater und weitere Besucher kommen, mit denen er sich verabredet hat, die Termine sind in seinen persönlichen Kalender eingetragen, der auf dem

Schreibtisch liegt. Er hat noch dreißig Minuten Zeit, um die Papiere durchzusehen, an denen er arbeitet, und einige Telefonate zu führen.

Auf dem Schreibtisch liegen zudem das unverzichtbare Brevier, weitere Akten und ein Stapel Korrespondenz. Darunter der Brief von Anna aus San Donato Milanese in der Nähe von Mailand, die von ihrem Mann verlassen wurde und sich seitdem allein um den autistischen Sohn Nicolas kümmert, der davon träumt, mit dem Papst zu sprechen. Oder der eines schwerkranken Jungen aus Brooklyn, New York, der den Papst bittet, ein kurzes Gebet für ihn zu sprechen. Der deutsche Seminarist Ludwig wiederum, der in wenigen Wochen zum Priester geweiht wird, hat ihm geschrieben, weil er auf seine spirituelle Unterstützung hofft.

Franziskus liest den Brief des jungen zukünftigen Priesters aufmerksam und kehrt in Gedanken ins Jahr 1969 zurück, als er kurz vor seiner Ordination jenes persönliche Glaubensbekenntnis zu Papier brachte, das er noch heute regelmäßig aus der Schublade nimmt, um den Geist von damals wiederzufinden und sein Versprechen zu erneuern.

Ich will an Gott den Vater glauben, der mich liebt wie einen Sohn, und an Jesus, den Herrn, der seinen Geist über mein Leben gegossen hat, um mich zum Lächeln und damit in das Reich des ewigen Lebens zu bringen. Ich glaube an meine Geschichte, die vom Blick der Liebe Gottes durchdrungen wurde, und mich am Frühlingstag, dem 21. September, zu der Begegnung geführt und mich eingeladen hat, ihm zu folgen. Ich glaube an meinen Schmerz, der fruchtlos ist wegen des Egoismus, in den ich mich flüchte. Ich glaube an die Dürftigkeit meiner Seele, die zu verschlingen versucht, ohne zu geben ... ohne zu geben. Ich glaube, dass die anderen gut sind und dass ich sie ohne Furcht lieben soll und ohne sie je zu verraten, um für mich Sicherheit zu suchen. Ich glaube an das Ordensleben. Ich glaube, dass ich viel lieben will. Ich glaube an den täglichen, brennenden Tod, den ich fliehe, der mich jedoch anlächelt und mich einlädt, ihn anzunehmen. Ich glaube an die Geduld Gottes, annehmend, gut wie eine Sommernacht. Ich glaube, dass Papa im Himmel ist, gemeinsam mit dem Herrn. Ich glaube, dass auch Pater Duarte dort ist und Fürsprache für mein Priesteramt einlegt. Ich glaube an Maria, meine Mutter, die mich liebt und mich niemals alleinlassen wird. Und ich erwarte die Überraschung eines jeden Tages, an dem sich die Liebe, die Kraft, der Verrat und die Sünde zeigen werden, die mich bis zur endgültigen Begegnung mit jenem herrlichen Antlitz begleiten werden, von dem ich nicht weiß, wie es aussieht, vor dem ich ständig fliehe, das ich aber kennenlernen und lieben will. Amen.

Nachdem er das mit den Jahren vergilbte Blatt Papier wieder verstaut hat, greift er zum Telefonhörer und wählt die Nummer von Anna, der Mutter aus der Nähe von Mailand. Er will Nicolas überraschen und ihm Hallo sagen. Dann ruft er gleich noch jene Person an, die er vor ein paar Wochen getroffen hat und die ihn fragte, wie er sich die Kirche der Zukunft vorstelle. Sie hat ihm per E-Mail ein gutes Dutzend Seiten zum Gegenlesen geschickt. Es handelt sich um die Zusammenfassung jener letzten Audienz, die wie die anderen auch, mit Erlaubnis des Papstes, veröffentlicht werden soll.

»Heiliger Vater, gibt es noch Hoffnung für die Menschheit?«, fragt ihn sein Gesprächspartner, nachdem sie ein paar Sätze gewechselt haben, kurz vor Ende des Telefonats.

Und der Papst antwortet, während die Stimme der argentinischen *tanguera* im Hintergrund die kurze Schweigepause füllt.

Diese Frage ließ mich über die Zeit, in der wir leben, nachdenken, und ich begriff, dass in der Welt entweder Frieden oder Tod herrschen wird, es gibt keinen Ausweg. In Europa sind wir seit über hundert Jahren im Krieg, seit 1914, und die Fabriken produzieren in einem fort Waffen, auch jetzt, da die Welt von einem »stückweisen« dritten Weltkrieg erschüttert wird.

Ich habe bisher nicht eingehend über den Krieg in der Ukraine oder über den im Nahen Osten gesprochen, weil gerade in diesem Moment viele Initiativen im Gang sind und sich etwas bewegt, aber Tag und Nacht waren und sind meine Gedanken bei allen gequälten Völkern, für die ich vom Herrn das Geschenk des Friedens erfleht habe, während mir das Herz blutet angesichts der Gräuel. Ich habe viel über diese Kriege geschrieben und gesagt, und ich habe nicht einmal mehr Tränen zum Weinen. Ich habe Bilder gesehen, Geschichten gehört, ich habe Zeugen dieser Tragödie getroffen. Ich habe für die kleinen Kinder gebetet, die ihren Familien durch Bomben entrissen oder zu

Waisen wurden. So viel Schmerz, so viel Leid. Und wofür? Alles aus imperialistischen Interessen oder einem mörderischen Zynismus heraus. Das ist ungeheuerlich!

Was den Krieg in der Ukraine angeht, habe ich mich sofort zur Verfügung gestellt und seit Beginn des Krieges immer wieder betont, dass ich zu was auch immer bereit sei, damit die Waffen schweigen können. Für den Krieg im Nahen Osten gilt dasselbe: Ich habe mit verschiedenen internationalen Führern telefoniert, die durch ihr Handeln etwas bewirken können, und ich habe sie alle an die Wichtigkeit des menschlichen Lebens erinnert, sei es das von Christen, Muslimen oder Juden. Ohne jeden Unterschied. Welche Schuld trägt die Bevölkerung? Warum muss sie einen so hohen Preis und sogar mit dem Tod bezahlen? Der Heilige Stuhl hat eine ganze Reihe von diplomatischen und humanitären Initiativen in die Wege geleitet, von denen wir hoffen, dass sie die gewünschten Wirkungen haben. Aber wir alle auf der Welt müssen uns dafür einsetzen, dass der Dialog gewinnt und die Verantwortlichen begreifen, dass Bomben keine Probleme lösen, sondern neue schaffen. Vom ersten Tag an haben wir diesen Krieg in der Ukraine als nah empfunden, weil er in Europa ausgebrochen ist, aber wir dürfen nicht vergessen, dass auf der ganzen Welt kriegerische Konflikte wüten: im Jemen, in Syrien, in der Demokratischen Republik Kongo, im Südsudan, in Äthiopien, um nur einige zu nennen.

In vielen Teilen der Erde leiden Menschen Hunger, aber anstatt zu versuchen, dieses Problem zu lösen, werden paradoxerweise weitere Waffen gekauft und neue Technologien entwickelt, um Kriege fortzusetzen. Es gibt Länder, die genau in diesen Sektor investieren und ihre Wirtschaft auf todbringenden Waffenhandel stützen. Der Vatikan beteiligt sich daran natürlich nicht, da aber auch der Heilige Stuhl in der Vergangenheit an Finanzgeschäften beteiligt war, wissen wir, dass die lukrativsten Aktien die von Rüstungsunternehmen und Herstellern von Abtreibungsmedikamenten sind. Das ist skandalös!

Die Zukunft der von Gott geschaffenen Menschheit hängt von den Entscheidungen ab, die wir treffen: werden die Menschen zurück an einen Tisch kehren, um einander zu umarmen, um über Frieden zu sprechen, um in Dialog zu treten, oder wird es wirklich das Ende sein. Ich habe Hoffnung für die Menschen, die Hoffnung, dass sie fähig sind, aus ihren Fehlern zu lernen, um besser zu werden und etwas Gutes an die kommenden Generationen weiterzugeben.

Diesem Prozess der Selbstkritik muss sich auch die Kirche unterziehen, damit wir Schritte zum Schutz der Schwächsten und Verwundbarsten unternehmen können. Ich denke hierbei auch an die Missbrauchsfälle. Wie viele Menschen haben gelitten, wurden sogar in den Selbstmord getrieben durch die Schuld eines Geistlichen, der sie als Kinder missbraucht hat? Wir müssen an die Opfer denken, ihnen zuhören und sie begleiten und uns stets daran erinnern, dass sie von denen heimtückisch verraten wurden, die sie beschützen und auf ihrem von Gott vorgezeichneten Weg hätten begleiten sollen. Ich möchte noch einmal um Vergebung für die Sünden und die schweren Verbrechen bitten, die die Kirche diesen Kindern gegenüber begangen hat, und ich bitte den Herrn, barmherzig zu sein, weil das, was diesen Unschuldigen widerfahren ist, wirklich teuflisch ist und durch nichts zu rechtfertigen.

Ich spreche von all den Fällen, die in den USA, in Südamerika, in Osteuropa, in Irland oder auch in Malta, Spanien, Deutschland und Italien ans Licht kamen. Die Kirche muss mit sämtlichen ihr zur Verfügung stehenden Kräften gegen dieses Übel kämpfen, und ich glaube, dass die Päpstliche Kommission für den Schutz von Minderjährigen, die wir im Vatikan ins Leben gerufen haben, wie auch die Büros, die weltweit in vielen Diözesen von den Bischofskonferenzen eingerichtet wurden, einen wichtigen Beitrag zur Bekämpfung dieser Verbrechen leisten können, indem sie Hinweise sammeln und gegen die Missbrauchstäter, seien es Geistliche oder Laien, sowie alle, die etwas vertuschen, Strafanzeige erstatten. Heute gibt es im Gegensatz zu früher, als noch kein entsprechendes Gesetz existierte, keine Privilegien mehr. Wer in einem Missbrauchsfall von einem Gericht für schuldig befunden wird, muss seine Strafe verbüßen, ohne Protektion. Schluss mit den Gräueltaten der Kirche! Setzen wir diesen Verbrechen, die den Namen Jesus Christus besudeln, endlich ein Ende!

Ich habe vorhin von der Zukunft der Menschheit und der möglichen Rolle der Kirche dabei gesprochen. In den letzten Jahren hat sich der eine oder andere, gerade auch im Hinblick auf die historische Entscheidung Papst Benedikts XVI., seine Gedanken über die Zukunft des Papstes gemacht. Gott sei Dank gab es für mich bis heute keinerlei Anlass, über einen Rücktritt nachzudenken, weil das meines Erachtens eine Option ist, die nur im Falle einer schweren gesundheitlichen Beeinträchtigung in Betracht gezogen werden kann. Ganz ehrlich: Ich habe noch nie einen Gedanken daran verschwendet, weil ich glaube, wie ich schon vor einigen Jahren zu einigen jesuitischen Mitbrüdern aus Afrika sagte, dass das Petrusamt wirklich eins auf Lebenszeit ist. Ich sehe also keinen Grund, es niederzulegen. Die Dinge würden sich ändern, wenn eine schwerwiegende gesundheitliche Beeinträchtigung einträte, und für diesen Fall habe ich bereits zu Beginn meines Pontifikats, wie es schon frühere Päpste getan haben, meine Rücktrittserklärung unterschrieben und im Staatssekretariat hinterlegen lassen. Sollte dies jemals eintreten, würde ich mich nicht emeritierter Papst, sondern einfach *emeritierter Bischof von Rom* nennen lassen und nach Santa Maria Maggiore umziehen, um wieder die Beichte abzunehmen und den Kranken die Heilige Kommunion zu spenden.

Doch das, ich wiederhole es, ist rein hypothetisch gesprochen, denn es gibt wirklich keinen Grund, der schwerwiegend genug wäre, um einen Rücktritt in Erwägung zu ziehen. Der eine oder andere mag in den letzten Jahren, vielleicht nach einem Krankenhausaufenthalt, auf eine Ankündigung dieser Art gehofft haben, aber diese Gefahr besteht nicht. Dank des Herrn erfreue ich mich guter Gesundheit, und es gibt, wie schon gesagt, noch viel zu tun und etliche Projekte zu realisieren, so Gott will. In der Zwischenzeit sind wir zum Abschied gekommen, zum Ende dieses Buches, einer Reise durch die Geschichte, die ich *LEBEN* genannt habe, was ins Italienische übersetzt *vita* heißt. Unser Leben: meines, Ihres, das der gesamten Menschheit. Das Leben, das Gott uns geschenkt hat und das wir uns Schritt für Schritt aufgebaut haben, indem wir

Entscheidungen getroffen, Ziele erreicht und Fehler, oft auch schwere, begangen haben, die uns Schmerzen gebracht und Leid verursacht haben. Eins dürfen wir jedoch nicht vergessen: Die Geschichte unseres Lebens nachzulesen ist wichtig, um uns zu erinnern und denjenigen etwas weiterzugeben, die uns zuhören.

Um aber lernen zu leben, müssen wir lernen zu lieben. Das sollten wir nicht vergessen! Es ist die wichtigste Lektion, die wir lernen können: lieben, denn die Liebe gewinnt immer. Wenn wir lieben, vermögen wir es, Barrieren niederzureißen, Konflikte zu überwinden, Gleichgültigkeit und Hass zu besiegen, unser Herz zu öffnen und uns zu verwandeln, indem wir uns für unsere Nächsten einsetzen, so wie es Jesus getan hat, der sich am Kreuz für uns Sünder geopfert hat, ohne eine Gegenleistung zu fordern.

Wie viele Dinge wären in den achtzig Jahren unserer Reise durch die Geschichte anders verlaufen, wenn nicht Machtgier die Menschen bewegt hätte, sondern Liebe und Gebet! Denkt daran, dass die Welt immer nötiger des Gebets bedarf: Lasst uns mehr beten! Aber ich bitte euch: Vergesst nicht, mich in eure Gebete einzuschließen – und betet für, nicht gegen mich!

ANMERKUNGEN

I Papst Franziskus, Botschaft zum 53. Welttag der Kommunikationsmittel, 20. Januar 2020; © Dicastero per la Comunicazione – Libreria Editrice Vaticana www.vatican.va/content/francesco/de/messages/communications/documents/papa-francesco_20200124_messaggio-comunicazioni-sociali.html

II Papst Franziskus, Generalaudienz, 19. Oktober 2022; © Dicastero per la Comunicazione – Libreria Editrice Vaticana www.vatican.va/content/francesco/de/audiences/2022/documents/20221019-udienza-generale.html

III Papst Franziskus, Ansprache anlässlich des Besuchs der Holocaust-Gedenkstätte Yad Vashem in Jerusalem, 26. Mai 2014; © Dicastero per la Comunicazione – Libreria Editrice Vaticana www.vatican.va/content/francesco/de/speeches/2014/may/documents/papa-francesco_20140526_terra-santa-memoriale-yad-vashem.html

IV Papst Pius XII., »Radiomessagio di sua Santità Pio XII rivolto ai governanti ed ai popoli nell'imminente pericolo della guerra« [Radiobotschaft seiner Heiligkeit Papst Pius XII. an die Regierungen und Völker in unmittelbarer Kriegsgefahr], 24. August 1939; © Dicastero per la Comunicazione – Libreria Editrice Vaticana www.vatican.va/content/pius-xii/it/speeches/1939/documents/hf_p-xii_spe_19390824_ora-grave.html

V Videobotschaft von Papst Franziskus im Vorfeld seiner apostolischen Reise nach Japan [23.–26. November 2019]; © Dicastero per la Comunicazione – Libreria Editrice Vaticana www.vatican.va/content/francesco/de/messages/pont-messages/2019/documents/papa-francesco_20191118_videomessaggio-giappone.html

VI Papst Johannes XXIII., Enzyklika *Pacem in Terris*, Absatz 60, 13. April 1963; © Dicastero per la Comunicazione – Libreria Editrice Vaticana www.vatican.va/content/john-xxiii/de/encyclicals/documents/hf_j-xxiii_enc_11041963_pacem.html

VII Papst Franziskus, Frühmesse im Vatikanischen Gästehaus Domus Sanctae Marthae, 21. September 2017; © Dicastero per la Comunicazione – Libreria Editrice Vaticana
www.vatican.va/content/francesco/de/cotidie/2017/documents/papa-francesco-cotidie_20170921_miserando-atque-eligendo-ge.html

VIII »Papst Franziskus: Ethische Maßstäbe für neue Technologien«, Vatican News, 28. Februar 2020
www.vaticannews.va/de/papst/news/2020-02/papst-kuenstliche-intelligenz-akademie-leben-rede-algor-ethik.html
siehe auch »Die Prinzipien der Soziallehre der Kirche«, Österreichische Kommission Iustitia et Pax

IX www.iupax.at/pages/iustitiaetpax/soziallehre/kompendium/kapitel4/article/126980.html

X Siehe auch: »Als der Papst die Astronauten der Mondlandung empfing«, 17.10.2019
www.katholisch.de/artikel/23285-als-der-papst-die-astronauten-der-mondlandung-empfing

XI Address of Paul VI to Mister Neil Armstrong, Colonel Edwin Aldrin and Lieutenant-Colonel Michael Collins [Willkommensgruß von Papst Paul VI. an Neil Armstrong, Edwin Aldrin und Michael Collins zurück auf der Erde], 16. Oktober 1969; © Dicastero per la Comunicazione – Libreria Editrice Vaticana

XII Siehe auch: https://de.usembassy.gov/de/offnen-sie-dieses-tor-reisen-sie-diese-mauer-nieder/

XIII Schreiben von Johannes Paul II. an die Berliner Bischofskonferenz; © 1989 – Libreria Editrice Vaticana
www.vatican.va/content/john-paul-ii/de/letters/1989/documents/hf_jp-ii_let_19891113_conferenza-berlino.html

XIV Jorge Mario Bergoglio, Papst Franziskus, *Korruption und Sünde. Einladung zur Aufrichtigkeit*, aus dem Spanischen von Ulrich Ruh, Herder Verlag, Freiburg 2014.

XV Papst Franziskus, Begegnung mit Vertretern der Regierung, der Zivilgesellschaft und des diplomatischen Korps, 28. April 2023, © Dicastero per la Comunicazione – Libreria Editrice Vaticana
www.vatican.va/content/francesco/de/speeches/2023/april/documents/20230428-ungheria-autorita.html

XVI Zitiert nach: Papst Franziskus, Homilie, 21. Januar 2017; © Dicastero per la Comunicazione – Libreria Editrice Vaticana
www.vatican.va/content/francesco/de/homilies/2017/documents/papa-francesco_20170121_omelia-domenicani.html

XVII Papst Johannas Paul II., Generalaudienz, 12. September 2001; © Dicastero per la Comunicazione – Libreria Editrice Vaticana
www.vatican.va/content/john-paul-ii/de/audiences/2001/documents/hf_jp-ii_aud_20010912.html

XVIII Papst Franziskus mit Großimam Ahmad Al-Tayyeb, Dokument über die Brüderlichkeit aller Menschen für ein friedliches Zusammenleben in der Welt, 4. Februar 2019; © Dicastero per la Comunicazione – Libreria Editrice Vaticana
www.vatican.va/content/francesco/de/travels/2019/outside/documents/papa-francesco_20190204_documento-fratellanza-umana.html

XIX Papst Franziskus, Enzyklika *Fratelli Tutti*, Absatz 122 und 168, 3. Oktober 2020; © Dicastero per la Comunicazione – Libreria Editrice Vaticana
www.vatican.va/content/francesco/de/encyclicals/documents/papa-francesco_20201003_enciclica-fratelli-tutti.html

XX Papst Franziskus, Videobotschaft des Heiligen Vaters, Internationales Forum »The Economy of Francesco«, 21. November 2020; © Dicastero per la Comunicazione – Libreria Editrice Vaticana
www.vatican.va/content/francesco/de/messages/pont-messages/2020/documents/papa-francesco_20201121_videomessaggio-economy-of-francesco.html

XXI Papst Benedikt XVI., Begegnung mit dem Klerus der Diözese Rom, Ansprache, 26. Februar 2009; © Dicastero per la Comunicazione – Libreria Editrice Vaticana
www.vatican.va/content/benedict-xvi/de/speeches/2009/february/documents/hf_ben-xvi_spe_20090226_clergy-rome.html

XXII Papst Benedikt XVI., Eröffnung der Arbeiten der V. Generalkonferenz der Bischofskonferenzen von Lateinamerika und der Karibik, Ansprache, 13. Mai 2007; © Dicastero per la Comunicazione – Libreria Editrice Vaticana
www.vatican.va/content/benedict-xvi/de/speeches/2007/may/documents/hf_ben-xvi_spe_20070513_conference-aparecida.html

XXIII Papst Benedikt XVI., Ansprache bei der Verabschiedung vom Kardinalskollegium, 28. Februar 2013; 2007; © Dicastero per la Comunicazione – Libreria Editrice Vaticana
www.vatican.va/content/benedict-xvi/de/speeches/2013/february/documents/hf_ben-xvi_spe_20130228_congedo-cardinali.html

XXIV Übersetzung der Katholischen Nachrichtenagentur (KNV)
www.faz.net/aktuell/politik/die-wahl-des-papstes/aufruf-zu-reformen-papst-franziskus-geisselt-theologischen-narzissmus-12130908.html

XXV Zitiert nach: Papst Franziskus, Homilie, 21. Januar 2017; © Dicastero per la Comunicazione – Libreria Editrice Vaticana
www.vatican.va/content/francesco/de/homilies/2017/documents/papa-francesco_20170121_omelia-domenicani.html

XXVI Papst Franziskus, Besondere Andacht in der Zeit der Pandemie, 27. März 2020; © Dicastero per la Comunicazione – Libreria Editrice Vaticana
www.vatican.va/content/francesco/de/homilies/2020/documents/papa-francesco_20200327_omelia-epidemia.html

XXVII Papst Franziskus, Nachsynodales Apostolisches Schreiben *Amoris Laetitia*, 19. März 2016, © Dicastero per la Comunicazione – Libreria Editrice Vaticana
www.vatican.va/content/francesco/de/apost_exhortations/documents/papa-francesco_esortazione-ap_20160319_amoris-laetitia.html

JORGE MARIO BERGOGLIO wurde am 17. Dezember 1936 in Buenos Aires, Argentinien, als Sohn italienischer Einwanderer geboren. 1969 wurde er zum Priester des Jesuitenordens, der Gesellschaft Jesu, geweiht. Nach seiner Ernennung zum Weihbischof 1992 wurde er 1998 zum Erzbischof von Buenos Aires und 2001 zum Kardinal ernannt. Im März 2013 wird er zum Papst, zum 266. Oberhaupt der Katholischen Kirche, gewählt und trägt den Namen Franziskus.

FABIO MARCHESE RAGONA ist Vatikanista für die Mediengruppe Mediaset; er begleitet den Papst für die Nachrichtensendungen *Tg5*, *Tg4*, *Studio Aperto* und *Tgcom24*, einem 24-Stunden-Nachrichtenkanal, für den er jeden Sonntag die Sendung Stanze Vaticane konzipiert und moderiert. Im Januar 2021 führte er ein weltweit exklusives Fernsehinterview mit Papst Franziskus, das von *Speciale Tg5* ausgestrahlt und von fünfeinhalb Millionen Zuschauern gesehen wurde.